T0145063

Medienwissenschaft: Einführungen kompakt

Die Reihe „Medienwissenschaft: Einführungen kompakt" bietet Lehrenden und Studierenden konzise Perspektivierungen zentraler medienwissenschaftlicher Themenkomplexe. Mit besonderer Priorität auf innovativen Lektüren klassischer Fragestellungen werden grundlegende Begriffsklärungen vorgenommen, an die sich ein konzeptioneller Theorieteil zur Reflexion des jeweiligen Forschungsstandes knüpft. Analytische Kapitel bauen darauf auf und erarbeiten anwendungsbezogen eine Explikation des Theoriespektrums durch Konkretisierung am Beispiel. Die Bände schließen mit einem Ausblick, der aktuelle Forschungsdesiderata benennt sowie eine systematisierte Liste relevanter Literaturhinweise zur Verfügung stellt.

Weitere Bände in der Reihe http://www.springer.com/series/15665

Ivo Ritzer

Medientheorie
der Globalisierung

 Springer VS

Ivo Ritzer
Bayreuth, Deutschland

Medienwissenschaft: Einführungen kompakt
ISBN 978-3-658-19781-0   ISBN 978-3-658-19782-7   (eBook)
https://doi.org/10.1007/978-3-658-19782-7

Die Deutsche Nationalbibliothek verzeichnet diese Publikation in der Deutschen Nationalbibliografie; detaillierte bibliografische Daten sind im Internet über http://dnb.d-nb.de abrufbar.

Springer VS

Verantwortlich im Verlag: Barbara Emig-Roller

Gedruckt auf säurefreiem und chlorfrei gebleichtem Papier

Springer VS ist ein Imprint der eingetragenen Gesellschaft Springer Fachmedien Wiesbaden GmbH und ist ein Teil von Springer Nature
Die Anschrift der Gesellschaft ist: Abraham-Lincoln-Str. 46, 65189 Wiesbaden, Germany

Inhalt

„Die elektrische Schaltungstechnik hat die Herrschaft von ,Zeit' und ,Raum' gestürzt und überschüttet uns sekundenschnell und in einem fort mit den Angelegenheiten aller anderen Menschen. Sie hat den Dialog im globalen Maßstab wieder ermöglicht. Ihre Botschaft ist der totale Wandel, der aller Beschränktheit, sei sie psychischer, sozialer, ökonomischer oder politischer Art, ein Ende setzt. Die städtischen, staatlichen und nationalen Gruppierungen der Vergangenheit sind unbrauchbar geworden."

Marshall McLuhan und Quentin Fiore,
Das Medium ist Massage (1984 [1967], S. 16).

„Die Revolution ist die absolute Deterritorialisierung an jenem Punkt, an dem diese nach der neuen Erde, dem neuen Volk ruft. Die absolute Deterritorialisierung vollzieht sich nicht ohne Reterritorialisierung."

Gilles Deleuze und Félix Guattari, *Was ist Philosophie?*
(1996, S. 117).

Einleitung: Kapitalismus und Kultur

Die terminologische Kopplung von Medien und Globalisierung wirft einen spezifischen Blick auf aktuelle Prozesse ökonomischer, soziopolitischer, technologischer und kultureller Veränderung. Die Erde wird hier nicht als Summe trennscharf voneinander separierbarer Regionen begriffen. Sie erscheint vielmehr als deterritorialisierter Schauplatz transnationaler Bewegungen durch Ströme gegen Grenzen von Zeit und Raum, die nicht zuletzt medial geprägt sind. Denn Medialität spielt für die Reproduktion von Kapital, aber auch die postkoloniale Distribution von Kultur eine immer zentralere Rolle. Ökonomische Macht reguliert dabei die Zirkulation der kulturellen Flüsse zwischen Zentren und Peripherien auf dem Globus, dessen Regionen in stetigem Austausch stehen. Globalisierung meint also die Zirkulation von Menschen, Waren und Daten in einem Verhältnis erdumspannender Kommunikation auf allen Ebenen sozialer Erfahrung.

Bereits Karl Marx und Friedrich Engels haben gezeigt, dass vor dem Horizont der kapitalistischen Produktionsweise, die um eine Anhäufung – Akkumulation – von abstraktem Wert zentriert ist, und der mit ihr korrelierenden Hegemonie einer bürgerlichen

© Springer Fachmedien Wiesbaden GmbH, ein Teil von Springer Nature 2018   3
I. Ritzer, *Medientheorie der Globalisierung*, Medienwissenschaft: Einführungen kompakt, https://doi.org/10.1007/978-3-658-19782-7_1

Gesellschaft, die dazu beiträgt jede planetarische Existenzweise zum *Träger eines Warenwertes* zu machen, eine neue Phase in der Menschheitsgeschichte beginnt. Der Kapitalismus nämlich erfasst lokale Formen des Lebens, um sie seinen Bedürfnissen zu adaptieren und dabei radikal zu transformieren. Wo nötig, beseitigt er regionale Eigenheiten und hebt sie in einem globalen System auf.

> „Je weiter sich im Laufe dieser Entwicklung nun die einzelnen Kreise, die aufeinander einwirken, ausdehnen, je mehr die ursprüngliche Abgeschlossenheit der einzelnen Nationalitäten durch die ausgebildete Produktionsweise, Verkehr und dadurch naturwüchsig hervorgebrachte Teilung der Arbeit zwischen verschiednen [sic!] Nationen vernichtet wird, desto mehr wird die Geschichte zur Weltgeschichte, so daß z. B., wenn in England eine Maschine erfunden wird, die in Indien und China zahllose Arbeiter außer Brot setzt und die ganze Existenzform dieser Reiche umwälzt, diese Erfindung zu einem weltgeschichtlichen Faktum wird",

heißt es bei Marx und Engels in der *Deutschen Ideologie* (1846):

> „Hieraus folgt, daß diese Umwandlung der Geschichte in Weltgeschichte nicht etwa eine bloße abstrakte Tat des ‚Selbstbewußtseins‘, Weltgeistes oder sonst eines metaphysischen Gespenstes ist, sondern eine ganz materielle, empirisch nachweisbare Tat, eine Tat, zu der jedes Individuum, wie es geht und steht, ißt, trinkt und sich kleidet, den Beweis liefert" (Marx und Engels 1969 [1846], S. 46).

Für Marx zeichnet sich das Kapital durch seine Qualität einer einzigartigen Expansionskraft aus, die ihm eine außerordentliche Dynamik verleiht. Es bedarf einer permanenten Umwälzung alles Bestehenden, um einen immer ausgedehnteren Absatz zu finden. Der Imperativ einer globalen Expansion des Kapitals ist Letzterem immanent: „Die Tendenz den Weltmarkt zu schaffen ist unmittelbar im Begriff des Kapitals selbst gegeben", so Marx in seinen *Grundrissen der politischen Ökonomie* (1858): „Jede Grenze erscheint

als zu überwindende Schranke" (Marx 1983 [1858], S. 321). Der
Kapitalismus sorgt mithin für eine Permanenz der Transgression
existierender Grenzen, d. h. Auflösung von Schranken, ohne deren
Überwindung er nicht fortexistieren könnte. Diese überwundenen
Schranken sind ökonomischer, politischer, geographischer, vor
allem aber auch kommunikativer und medialer Qualität. Erneut
sind es Marx und Engels, die im *Kommunistischen Manifest* (1848)
bereits auf eine Rationalität der Produktionsweisen verwiesen
haben, die Kultur auf mediale Weise globalisiert:

> „Das Bedürfnis nach einem stets ausgedehnteren Absatz für ihre
> Produkte jagt die Bourgeoisie über die ganze Erdkugel. Überall muß
> sie sich einnisten, überall anbauen, überall Verbindungen herstellen.
> Die Bourgeoisie hat durch ihre Exploitation des Weltmarkts die
> Produktion und Konsumption aller Länder kosmopolitisch gestaltet.
> […] An die Stelle der alten, durch Landeserzeugnisse befriedigten
> Bedürfnisse treten neue, welche die Produkte der entferntesten
> Länder und Klimate zu ihrer Befriedigung erheischen. An die
> Stelle der alten lokalen und nationalen Selbstgenügsamkeit und
> Abgeschlossenheit tritt ein allseitiger Verkehr, eine allseitige Ab-
> hängigkeit der Nationen voneinander. Und wie in der materiellen,
> so auch in der geistigen Produktion. Die geistigen Erzeugnisse der
> einzelnen Nationen werden Gemeingut. Die nationale Einseitigkeit
> und Beschränktheit wird mehr und mehr unmöglich, und aus den
> vielen nationalen und lokalen Literaturen bildet sich eine Weltli-
> teratur" (Marx und Engels 1972 [1848], S. 465f.).

Selbst wenn kultureller Austausch eine historische Konstante bildet
und sich stets, obgleich in differenten Intensitäten, ereignet hat, ist
mit der Genese kapitalistischer Produktionsweisen eine neue Phase
der globalen Verknüpfung eingetreten. Der Weltmarkt reguliert
Produktion und Konsum aller Nationen; die Nationen sind wiederum dem Prinzip des Kapitals und seiner Expansionsbewegung
unterworfen; die Expansion der Märkte vereinheitlicht materielle
und geistige Verhältnisse von Kultur; Kultur wird durch ein uni-

versalisiertes System transnationalen Verkehrs zu Zirkulation und grenzüberschreitender Verbreitung gebracht. Dabei sorgen die ökonomisch begründeten Verbindungen nicht nur für quantitativ, sondern auch qualitativ andere Kontexte, die neben materieller nun ebenfalls dezidiert kognitive und affektive, d. h. künstlerische und kulturelle Produktion inkludieren. Anders perspektiviert bedeutet dies freilich, dass komplementär dazu auch ästhetische Formen des Medialen neue Programme entwickeln, mit denen Kultur auf ihren globalisierten Rahmen reagiert.

Diese neuen medienästhetischen Formen zu bestimmen, kann als zentrale Frage einer Medientheorie der Globalisierung gelten. Ihre Reflexion der Begegnungen zwischen dem kapitalistischen Antrieb zur Industrialisierung von Kultur und jener lokalen Erfahrung, welche diese kulturellen Formen einordnet, stellt die zentrale methodologische Frage, wie die Kluft zwischen Geschichte und Subjektivität, zwischen Inhalt und Form, zwischen Medienobjekt und Kontext überbrückt werden kann. Eine Medientheorie der Globalisierung müsste darauf abzielen, Prozesse der Verhandlung zwischen *globalen Formen und lokalen Materialien* zu reflektieren, um jene technologischen sowie industriellen Kontexte zu erschließen, die ein spezifisches mediales Objekt – von den Maschinen des Sichtbaren bis hin zum digitalen Netz der Dinge – konfigurieren. Dabei ist davon auszugehen, dass die spezifischen sozialen und materiellen Kontexte eines Mediums immer auch in dessen Form eingeschrieben sind. Anders gesagt, Adressierungen von Subjekten durch Medien erscheinen als spezifische Praktiken der Signifikation, d. h. Artikulierungen von Bedeutungssystemen, die, während sie eben diese Bedeutungen durch formale Strategien produzieren, das rezipierende Subjekt auf eine spezifische Art und Weise positionieren. Sie beziehen sich auf das Subjekt, indem Autor* respektive Rezipient*innen geschaffen werden, die beide im medialen Objekt angelegt sind (siehe ausführlich dazu Ritzer

2009 und Ritzer 2017b). Damit muss jede Analyse medialer Objekte drei verschiedene, jedoch konstitutiv intersektionale Schichten durchdringen: erstens die Bedingungen der Medienproduktion, zweitens die individuelle mediale Form sowie drittens die generellen dispositiven respektive technologischen Strukturen des jeweiligen Mediums (siehe ausführlich dazu Ritzer und Schulze 2015, Ritzer und Schulze 2018).

Es gilt daran zu erinnern, dass Marx selbst sich bereits einer eindimensionalen Reflexionstheorie verweigert, die Lebensbedingungen direkt in Ideologie und Kulturprodukte spiegeln würde. Zahlreiche neomarxistische Interventionen, die von so unterschiedlichen Theoretikern wie Walter Benjamin (1991 [1940]), Louis Althusser (1981 [1965]), Alain Badiou (2005) oder Slavoj Žižek (2002) unternommen wurden, haben mediale Objekte auf kulturelle und historische Dynamiken bezogen, ohne aber absolute Hierarchien aufzubauen. Stattdessen treten die Bedingungen medialer Produktion und die konkreten Interaktionen zwischen sozialer Erfahrung und medialen Objekten in den Fokus. Dabei wird das Moment der Subjektivierung als Bezeichnung von Subjektpositionen hervorgehoben. Schon Walter Benjamin gibt mit seiner Denkfigur eines *dialektischen Bildes* eine bis heute hilfreiche Perspektive vor:

> „Die ökonomischen Bedingungen, unter denen die Gesellschaft existiert, kommen im Überbau zum Ausdruck; genau wie beim Schläfer ein übervoller Magen im Trauminhalt, obwohl er ihn kausal ‚bedingen' mag, nicht seine Abspiegelung sondern seinen Ausdruck findet. Das Kollektiv drückt zunächst seine Lebensbedingungen aus. Sie finden im Traum ihren Ausdruck und im Erwachen ihre Deutung" (Benjamin 1991 [1940], S. 495f.).

Wie Benjamin in seinem *Passagen-Werk* zeigt, geht es der dialektischen Methode als Analyse der historisch gegebenen Produktivkräfte darum, der „konkret-geschichtlichen Situation des Interesses für ihren Gegenstand gerecht zu werden". Und eben das unternimmt sie in einer „zunehmenden Verdichtung (Integration) der Wirklichkeit […], in der alles Vergangene (zu seiner Zeit) einen höheren Aktualitätsgrad als im Augenblick seines Existierens erhalten kann" (Benjamin 1991 [1940], S. 494f.). Für Benjamin umschließt jede historische Praxis sowohl Produktion als auch Rezeption. Historische Bedeutung resultiert demnach aus dem Zusammentreffen zwischen Objekt und Subjekt. Der Moment ihres Zusammentreffens, Benjamins Aktualität, markiert den Augenblick, in dem Bedeutung sich verwirklicht. Wenn über die Beziehung zwischen Medialität und Geschichte nachgedacht wird, dann müsste das Interesse also auf einer komparativen Perspektive der kulturellen Verhandlung von Form und Erfahrung liegen. Sein Fokus hat die historische Orchestrierung medialer Objekte zu adressieren und das Anrufen der Subjekte als historische Praxis, die Medium und Mensch verbindet, zu verstehen. Anders gesagt, die medial generierte Subjektposition muss auf Positionen, die im sozialen Feld eingenommen werden, bezogen sein.

Die Positionen historischer Erfahrung in einer Gesellschaft und einem Medienobjekt sind als Verbindungen zwischen kulturellen Anordnungen und den Formen der Medialität, die in exakt diesen sozialen Kontext eingebettet sind, freizulegen. Folglich erscheint die Formation, die mediale Objekte konditioniert, als auf zweierlei Art und Weise produktiv: Sie generiert nicht nur Positionen für soziale Agenturen, d. h. Handlungsmacht in einer Gesellschaft, sondern setzt Medienobjekte auch in Relation zu den Interessen der jeweiligen Handlungsmächte (Agenturen). In diesem Sinne artikulieren mediale Objekte jene Widersprüche und Spannungen, die in einer sozialen Formation zu einem bestimmten historischen Moment zirkulieren. Die Herausforderung einer Medientheorie der Globalisierung besteht mithin in der Reflexion zweier Prozesse von herausragender Wichtigkeit: erstens hat sie zu bestimmen, in welchem Moment der Geschichte ein mediales Objekt produziert wird; und zweitens muss sie die appellative Struktur des medialen Objekts identifizieren, in dem sie dessen präzise Position im Verhältnis der unterschiedlichen regionalen Kontexte eruiert.

Im Zeitalter digitaler Massenmedien ist zweifellos eine beispiellose Intensivierung ökonomischer Imperative und eine damit verbundene *Ästhetisierung des Lebens* erfolgt. „Ästhetische Produktion ist integraler Bestandteil der allgemeinen Warenproduktion geworden", so Fredric Jameson zur Logik der Kultur im gobalen imperialistischen Monopolkapitalismus:

> „Der ungeheure ökonomische Druck, immer neue Schübe immer neuer Waren [...] mit steigenden Absatzraten zu produzieren, weist den ästhetischen Innovationen und Experimenten eine immer wichtiger werdende ‚strukturelle‘ Aufgabe und Funktion zu" (Jameson 1986a, S. 47f.).

Zugleich expandieren Medien und Kultur in „alle Lebensbereiche", und zwar derart, dass „man sagen kann, daß alles in unserem gesellschaftlichen Leben, vom ökonomischen Wertgesetz und der Staatsgewalt bis zu den individuellen Handlungs- und Verhaltensweisen und sogar bis zur psychischen Struktur, auf neuartige und bislang nicht theoretisierte Weise zu ‚Kultur‘ geworden ist" (Jameson 1986a, S. 93). Slavoj Žižek hat anknüpfend daran von einem *digitalen Kulturkapitalismus* gesprochen. Dieser kulturelle Kapitalismus invertiert die Relation zwischen Objekt und Symbol, wenn nicht länger ein Bild ein Produkt repräsentiert, sondern das Produkt für das Bild steht. Es kommt hier zu einer radikalen Intensivierung der kapitalistischen Logik, so dass keine temporale Kluft mehr zwischen Warenkauf und Warenkonsum liegt, vielmehr die Kapitalbewegung den Konsum selbst zur Ware erhebt. Durch totale Verdinglichung von Erfahrung konstituiert sich so ein proteisches, d. h. völlig fremdbestimmtes Subjekt, das als Effekt des individuellen Konsums von Kultur als Ware zu sehen ist. Der digitale Kulturkapitalismus, so Žižek in seinem Lenin-Buch *Die Revolution steht bevor* (2002), kennzeichnet die

> „Kluft zwischen der Produktion kultureller Erfahrungen per se und seiner (teilweise unsichtbaren) materiellen Grundlage, zwischen dem Spektakel (einer theatralischen Erfahrung) und seinen geheimen Inszenierungsmechanismen. Weit davon entfernt zu verschwinden, existiert die materielle Produktion auch weiterhin und zwar in ihrer neuen Funktion als Stützmechanismus eines Bühnenspektakels".

Diese Bühne aber freilich besitzt ihren strukturierenden Backstage-Bereich: Letztlich basiert der digitale Kulturkapitalismus gerade auf

> „der ‚Nichtsichtbarkeit' von Millionen anonymer Arbeiter, die in den Fabriken der Dritten Welt [...] schuften. Der Westen glaubt, es sich leisten zu können, etwas von der ‚verschwindenden Arbeiterklasse' zu faseln, obwohl deren Spuren überall deutlich zu erkennen sind" (Žižek 2002, S. 123f.).

Die symbolische Produktion kultureller Gebrauchswerte bedarf weiterhin einer materiellen Produktion, die den globalen Süden zur neokolonialen Fabrik des Nordens und seiner Ästhetisierung des Lebens macht. Als besonders signifikantes Paradigma führt Žižek die Situation im afrikanischen Kongo an, wo die Ausbeutung von Arbeitskraft und natürlicher Ressourcen beispiellos erscheinen. Die Konflikte im Land basieren primär auf dem Kampf um Zugang zu, Kontrolle über und Handel mit Bodenschätzen: Coltan, Kobalt, Kupfer, Gold oder Diamanten. Besonders das Coltan, welches für die Produktion von Mobiltelefonen und Laptops benötigt wird, fungiert als zentraler Rohstoff für den post-industriellen

Kulturkapitalismus des Nordens. Abgebaut von entrechteten Kongoles*innen, stellt es die Voraussetzung für die Digitalisierung des globalen Nordens dar:

> „Von einem solchen Prozeß könnte man vieles lernen über die Komplizenschaft liberaler Mächte des Westens mit jenen Kräften, die von den Medien als Auslöser von Explosionen ‚authentischer' Barbarei in der Dritten Welt dargestellt werden. Im dichten kongolesischen Dschungel herrscht vermutlich wirklich tiefe Dunkelheit – doch ihr Herz schlägt anderswo: in den hell erleuchteten Chefetagen unserer High-Tech-Unternehmen" (Žižek 2009, S. 17).

Im globalen Süden wird mithin der digitale Kulturkapitalismus des Nordens erst produziert.

Ähnlich wie Fredric Jameson und Slavoj Žižek, jedoch stärker medienästhetisch fokussiert, hat Félix Guattari herausgestellt, dass es im Zeitalter der elektronischen und digitalen Massenmedien besonders zu beachten gilt, dass

> „die kapitalistische Macht sich verschoben und ihren angestammten Selbstdefinitionsbereich aufgegeben hat, und zwar sowohl als ein Hinausgreifen durch das Erfassen aller Bereiche des sozialen, ökonomischen und kulturellen Lebens, wie auch als ein Hineingreifen, indem sie sich mitten in unsere am wenigsten bewußten Schichten infiltrierte" (Guattari 1994, S. 46).

Dies bedeutet nichts weniger, als im digitalen Spätkapitalismus ein neues ästhetisches Paradigma des Medialen zu diagnostizieren:

> „Obwohl gleichberechtigt gegenüber den anderen Vermögen philosophischen Denkens, wissenschaftlichen Erkennens und politischen Handelns, scheint uns das ästhetische Empfindungsvermögen auf dem besten Weg zu sein, innerhalb der kollektiven Äußerungsgefüge unserer Epoche eine privilegierte Position einzunehmen" (Guattari 2013 [1992], S. 21).

Gedacht wird hier eine Theorie dem Subjekt vorgängiger, d. h. *präkognitiver und transpersonaler Kräftegefüge*, die nicht mehr notwendigerweise auf eine menschliche Subjektivität bezogen bleiben muss. Dabei stellt sich freilich die Frage, wie soziale und historische Dynamiken genau die Gestalt spezifischer kultureller Formationen annehmen. Was hier auf dem Spiel steht, ist die Analyse der Verbindung von politischen Konstellationen und kultureller Produktion, die zwischen Modernisierung und Kapitalismus auf der einen Seite und lokalen Traditionen wie sozialen Erfahrungen auf der anderen Seite steht.

Aufgrund der Tatsache, dass digitale Medien auf relativ kapitalintensiver Einrichtung von vor allem Breitbandzugang, geschweige denn Kosten für Computer, Modems, Software und Anbieterabonnements angewiesen sind, müssen sie als eine industrialisierte und umkämpfte Form par excellence gelten (siehe ausführlich dazu Ritzer 2015b, Ritzer 2015c). Zur gleichen Zeit sind sie immer noch größtenteils ungerecht auf der Erde verteilt, mit einem entscheidenden Defizit im globalen Süden, der nach seiner offenen Ausbeutung durch den imperialen Norden heute im Zuge einer bislang gescheiterten Dekolonisierung, d. h. fehl geschlagenen Unabhängigkeitsreformen indigener Eliten einerseits und ungerechter Handlungspolitik des Nordens andererseits, von besonderem Interesse für eine Medientheorie der Globalisierung zu sein hat. Eben der Süden nämlich fungiert als ein *Experimentierfeld neoliberaler Politik*, das durch Prekarisierung informeller Arbeit und Ausschluss ganzer Bevölkerungsteile vom Wohlstand der Eliten zentrale Entwicklungen in den postindustriellen Mediengesellschaften des Norden präfiguriert – vorwegnimmt und vorbereitet (siehe ausführlich dazu Ritzer 2016e). Denn, wie Fredric Jameson zur okzidentalen Postmoderne im globalen Kapitalismus herausgestellt hat, bildet Erstere jenen spezifischen Überbau ökonomisch-militärischer Hegemonie, die sich, wie stets in der

Geschichte von Kolonialismus und Klassengesellschaft, manifestiert in „Blut, Folter, Tod und Katastrophe", mithin sich stets erweist als „die Kehrseite der Kultur" (Jameson 1986a, S. 49). Dabei bleibt allerdings auch die Gefahr eines invertierten Narzissmus des Nordens zu bedenken, der weder Quelle allen Übels in der Welt ist noch einen narzisstischen Opferkult und Diskurs der Viktimologie perpetuieren darf, welcher sowohl den Süden aus seiner eigenen Verantwortung befreit als auch dessen Handlungspotential auf eine pathologische Antwort okzidentaler Aggression reduziert.

Im Folgenden wird es diesem Band um eine komparative Herangehensweise gehen, die medienwissenschaftlich eine globale Begegnung von Kulturen mit den Normen der Modernität und Industrialisierung denken will. Wie Dipesh Chakrabartys in *Europa als Provinz: Perspektiven postkolonialer Geschichtsschreibung* (2010) gezeigt hat, besteht die theoretische Falle einer universalen Logik des Kapitals, die keine Form der historisch-kulturellen Unterscheidung kennt. Chakrabarty lenkt die Aufmerksamkeit auf die Tatsache, dass kapitalistische Entwicklung keiner singulär-homogenen Logik folgt. Kapital, das in einem Teil der Erde zu einer bestimmten Zeit akkumuliert wird und dann global expandiert, muss als prozessuale Begegnung und Verhandlung historischer Differenzen verstanden werden. Wie Marx selbst bereits – und von Chakrabarty nicht immer genau rezipiert – insistiert, kann kapitalistische Modernisierung nie problemlos entlang eines linearen Prozesses verlaufen, immer muss sie stattdessen vielmehr in Relation zu mitunter sehr abweichenden Formen lokaler Modernität gesehen werden[1]. Chakrabarty bestreitet nicht, dass zwischen den

---

1 „Geht zu den Ursprüngen der westlichen Gesellschaften zurück und Ihr werdet überall das Gemeineigentum an Grund und Boden finden; mit dem gesellschaftlichen Fortschritt mußte es überall vor dem Privateigentum weichen; also würde es dem gleichen Schicksal auch in Rußland nicht entrinnen können. Ich möchte diesem Argument

kolonisierten Regionen und den globalen Kräften des Kapitalismus enge Verbindungen bestehen, aber er beharrt doch darauf, dass „die globale Geschichte des Kapitalismus sich nicht überall in Gestalt ein- und derselben Machtgeschichte reproduziert" (Chakrabarty 2010, S. 31). Der Zusammenstoß zwischen globalem Kapital und lokaler Erfahrung wird immer ein komplexer Kampf sein, der Spannungsräume und Ungewissheit im Kapital selbst eröffnet (siehe ausführlich dazu Ritzer 2016b).

So verschieden sich die betreffende kapitalistische Entwicklung in ihren jeweiligen Kontexten erweisen mag, so wird im vorliegenden Band aber doch argumentiert, dass abweichende Geschichte(n) der Modernisierung nichtsdestotrotz eine *kollektive Erfahrung* erzeugen, die den globalen Süden und den globalen Norden verbindet. Deshalb plädiert der vorliegende Band für einen theoretischen Ansatz, der das Augenmerk auf Machtbeziehungen legt, die zwischen verschiedenen geopolitischen Bereichen bestehen, es jedoch ablehnt, eurozentrische Prismen epistemologisch zu privilegieren. Stattdessen wird gefragt, in welcher Art und Weise eine Medientheorie der Globalisierung sich mit kulturellen Formen auseinandersetzen kann, die vollkommen industrialisiert und relativ kapitalintensiv in ihrer Bestimmung sind: mediale Produktivkräfte. Dabei wird eine Analyse von Medialität als Bedingung bedeutungsstiftender Prozesse verlangt, die ihr Publikum und ihre Nutzer*innen in spezifische dispositive Richtungen lenken möchten. Es soll mithin darum gehen, die Kluft zwischen Objekt

---

nur insofern Rechnung tragen, als es sich auf die europäischen Erfahrungen stützt. Was zum Beispiel Ostindien anbelangt, so ist es aller Welt, mit Ausnahme von Sir H. Maine und anderen Leuten gleichen Schlags, nicht unbekannt, daß dort die gewaltsame Aufhebung des Gemeineigentums an Grund und Boden nur ein Akt des englischen Vandalismus war, der die Eingeborenen nicht nach vorn, sondern nach rückwärts stieß" (Marx 1973 [1881], S. 402).

und Geschichte zu überbrücken. Als Vermittlungsinstanz zwischen kapitalistischer Form und lokalem Material kann Medialität gelten als Lieferant kognitiver Karten für Menschen, die zum einen ihr Verständnis vom In-der-Welt-sein formen als ihnen zum anderen auch Mittel bieten, um mit den Realitäten kapitalistischer Modernität umzugehen.

Dabei hat zuletzt vor allem Bruno Latour gezeigt, wie Globalität und Lokalität nicht als starr binäre Dichotomie gedacht werden dürfen. Latour negiert eine basale Differenz zwischen Globalem und Lokalem als kategorial separierte, d. h. strikt getrennte Areale des Handelns. Stattdessen plädiert er für einen *Begriff des Aktionalen*, der sowohl mit lokalen Vollzügen rechnet, dennoch aber grundsätzlich eine globale Dimension aufweist. „Wir müssen", so Latour,

> „kontinuierliche Verbindungen erstellen, die von einer lokalen Interaktion zu jenen anderen Orten, Zeiten und Aktanten führen durch die eine lokale Stätte dazu gebracht wird, etwas zu tun. […] Wenn man irgendeine lokale Stätte ,innerhalb' eines größeren Rahmens situiert, ist man gezwungen, zu springen. Damit gibt es einen Abgrund zwischen dem, was einschließt, und dem, was eingeschlossen wird, zwischen dem Globaleren und dem Lokaleren. Was würde geschehen, wenn wir jeglichen Bruch und Riß verbieten würden und allein Krümmungen, Streckungen und Komprimierungen erlaubten?" (Latour 2007, S. 299f.).

Latour will nichts weniger als das Globale lokal zu machen, gerichtet gegen einen Automatismus speziell der Sozialwissenschaften, die von Interaktion auf Kontexte schließen. Dazu intendiert er Orte zu verknüpfen, um verschiedene Transportmittel hervorzuheben, die das Soziale als Assoziation definieren. Latour geht hier von einem konstitutiven Überschuss aus:

> „So kann man durchaus sagen, daß jede gegebene Interaktion von Bestandteilen überzufließen scheint, die bereits in der Situation

vorhanden sind und aus einer anderen Zeit, von einem anderen Ort stammen und von anderen Existenzformen hervorgebracht worden sind" (Latour 2007, S. 288).

Unter Existenzformen versteht Latour nicht länger nur menschliche Akteure, sondern vielmehr alle Dinge, die Differenzen in einer Situation zu generieren vermögen. Als Mittler wird die Agentur, d. h. Handlungsmacht, in ihrem jeweiligen Potential zum zentralen Forschungsgegenstand der Medienwissenschaft.

Der vorliegende Band beginnt mit einem konzeptionellen Theorieteil, der zentrale Denkfiguren von Medien- wie Kulturwissenschaft aufnimmt und als Reflexion des aktuellen Forschungsstandes fungiert. Zwei analytische Kapitel bauen darauf auf und erarbeiten anwendungsbezogen eine Explikation des Theoriespektrums durch Konkretisierung am Beispiel: erstens der globalen Städte und der afropolitanen Metropole, zweitens der kulturellen Strömungen von Martial Arts und deren Aneignung in einem entgrenzten Rahmen, die als deterritorialisierte Appropriation beschrieben werden soll. Dabei geht es stets um ein Ineinander von Theorie und Analyse, das mediale Objekte nicht instrumentell in den Dienst des Begriffs stellt, sondern vielmehr ernst nehmen will, was an irreduzibler Medialität und deren unhintergehbarer Eigenlogik selbst existiert: also das Mediale gerade in seiner Dimension als Mediales reflektieren möchte. Mit den daraus gewonnenen Erkenntnissen sind theoretische Abstraktionen vorzunehmen: d. h. Fragen von medienästhetischen Spezifika und kulturellem Kontext zu klären. Deskription und Analyse werden folglich miteinander verschmelzen, wenn es darum geht, zum einen möglichst nahe an medialen Objekten zu arbeiten, zum anderen aber immer wieder auch kulturtheoretische Seitenblicke zu wagen. Der Band schließt mit einem finalen Ausblick, der gegenwärtige Forschungsdesiderata benennt sowie einen Kommentar zur Lage medientheoretischer Globalisierungsdiskurse an die Hand gibt.

Dekolonisierung und Weltliteratur: Vom globalen Dorf zur planetarischen Medialität

2

Das Zusammendenken von Medien und Globalisierung ist so alt wie die Medienwissenschaft selbst. Die Koinzidenz von Dekolonisierung, vor allem auf dem afrikanischen Kontinent, und den Arbeiten von Marshall McLuhan als erstem Theoretiker einer Eigenlogik des Medialen und damit erstem Medientheoretiker sui generis, findet mithin nicht etwa zufällig statt (siehe ausführlich dazu Ritzer 2018c). Vielmehr bleibt McLuhans Denken ohne seinen (post)kolonialen Kontext nicht zu verstehen. „Wir leben in einer brandneuen Welt der Gleichzeitigkeit", heißt es bei McLuhan:

> „Die ‚Zeit' hat aufgehört, der ‚Raum' ist dahingeschwunden. Wir leben heute in einem globalen Dorf […] in einem gleichzeitigen Happening. […] Augenblicklich und unablässig strömt Information auf uns ein. Sobald eine Information erworben ist, wird sie sofort durch eine neuere Information ersetzt" (McLuhan und Fiore 1984 [1967], S. 63).

Nach McLuhan bricht für die Menschheit in der Ära elektrischer, elektronischer und digitaler Medien eine neue Phase an, die durch den Eintritt in ein deterritorialisiertes Posthistoire das Buchzeit-

© Springer Fachmedien Wiesbaden GmbH, ein Teil von Springer Nature 2018   17
I. Ritzer, *Medientheorie der Globalisierung*, Medienwissenschaft: Einführungen kompakt, https://doi.org/10.1007/978-3-658-19782-7_2

alter ablöst und überwindet. „Seit den mehr als hundert Jahre alten elektromagnetischen Entdeckungen", führt McLuhan in der *Gutenberg-Galaxis* (1962) aus, „schafft sich der moderne Mensch zusätzlich noch all die Dimensionen des archaischen Menschen. Die Kunst und die Wissenschaft des letzten Jahrhunderts sind zum monotonen Crescendo eines archaischen Primitivismus geworden" (McLuhan 1995 [1962], S. 86). Für McLuhan zeigt die mediale Evolution des 20. Jahrhunderts eben, dass „unsere elektrische Technik auf unsere alltäglichsten Wahrnehmungen und Handlungsgewohnheiten Auswirkungen hat, die in uns plötzlich wieder die geistigen Prozesse der primitiven Menschen auslösen" (McLuhan 1995 [1962], S. 37f.). Durch die Elektrifizierung der Welt nämlich entsteht eine Wesensverwandtschaft mit den nicht-alphabetischen Kulturen des prä-modernen Menschen, wie sie zunächst für Verwunderung sorgen mag:

> „Es muß die Gelehrten und Physiker unserer Zeit oft überrascht haben, daß wir, je tiefer wir in die untersten Schichten des nicht-alphabetischen Bewußtseins eindringen, um so häufiger auf die fortschrittlichsten und differenziertesten Ideen der Kunst und Wissenschaft des 20. Jahrhunderts stoßen" (McLuhan 1995 [1962], S. 32).

McLuhans Argumentation kapriziert sich dabei darauf, wie elektronische Medien in ihrer Nonlinearität und Assoziativität dem Menschen in einer quasi-dialektischen, freilich nicht so benannten Bewegung das wiederbringen, was ihm Schrift und Buchdruck zuvor entzogen haben. Diese Form von progressivem Regress installiert also ein Altes und Vorzeichen des Neuen: Die technologische Verfasstheit der elektronischen Medien – ihre direkte Stimulation des zentralen Nervensystems in einer ganzheitlich holistischen Weise – lässt den Menschen sich durch sie gleichsam in die ganze Welt hinein ausdehnen. Wo prä-elektronische Medien lediglich Teile des menschlichen Körpers erweitern konnten, affiziert Elektrizität das gesamte Zentralnervensystem, und analog zur Steuerung des Körpers durch das Zentralnervensystem sind auch elektronische/ digitale Medien quasi organisch miteinander kurzgeschlossen. Letztere garantieren nicht nur unmittelbaren Zugriff auf Information, simultan ist ihr Effekt die Genese von Netzwerkstrukturen reziproker Einwirkungen, wie es bisher nur das Zentralnervensystem im menschlichen Körper zu administrieren vermochte. Das bedeutet nun für McLuhan, dass der Mensch mittels seiner Wahrnehmung der Welt wie seines Handelns in der Welt diese in seinem Zentralnervensystem aufnimmt. Jeder Mensch kann dann mit allen anderen Menschen kommunizieren: vernetzt in einem *globalen Dorf.* Dabei, so McLuhan in *Understanding Media* (1964), ergeben sich auf Basis der Beschleunigung von Information und Wahrnehmung neue Potentiale der Partizipation:

> „Wenn die Geschwindigkeit der Informationsübermittlung zunimmt, bildet sich in der Politik die Tendenz heraus, von der Ernennung von Vertretern und Bevollmächtigten abzugehen und sich der unmittelbaren Miteinbeziehung der ganzen Gemeinschaft in den zentralen Akt der Entscheidung zuzuwenden" (McLuhan 1992 [1964], S. 236).

Der Gedanke von *dekolonialer Emanzipation* ist mithin direkt an Prozesse der Globalisierung gekoppelt. Und diese betrifft dezidiert den afrikanischen wie auch den okzidentalen Menschen. Denn keine Gemeinschaft kann in der Ära elektrischer Medien noch aus dem kommunikativen Geschehen ausgeschlossen bleiben:

> „Die Eingeborenen mit einer Flut von Begriffen zu überschwemmen, auf die sie in keiner Weise vorbereitet sind, ist die normale Wirkungsweise unserer ganzen Technik. Aber mit den elektrischen Medien erlebt der westliche Mensch dieselbe Überflutung wie der ferne Eingeborene. Wir sind in unserem alphabetischen Milieu nicht besser auf eine Begegnung mit dem Radio oder Fernsehen

vorbereitet, als der Eingeborene von Ghana fähig ist, mit dem Alphabetentum fertigzuwerden, das ihn aus der Welt der Stammesgemeinschaft herausreißt und in der Absonderung des Einzelmenschen stranden läßt. Wir sind in unserer neuen elektrischen Welt befangen, wie der Eingeborene in unserer alphabetischen und mechanisierten Welt verstrickt ist" (McLuhan 1992 [1964], S. 25f.).

Der Gedanke ist ergo ein quasi dialektisch-hegelianischer – McLuhan spezifiziert die postkoloniale Transformation des Menschen in globalem Süden und globalem Norden gleichermaßen. Konsequenterweise erscheint Globalisierung als ein alles planetarische Leben affizierender Prozess.

Die in der Globalisierung diagnostizierte Implosion der Welt in das zentrale Nervensystem des Menschen korreliert bei McLuhan nun mit einer simultanen Explosion. In Transition der durch den Buchdruck geprägten kolonialen Ordnung hin zum postkolonialen elektronischen Zeitalter wandelt sich die arbeitsteilige Maschinengesellschaft der Moderne in ein spätmodernes Informationszeitalter, dessen automatisierte Gesellschaft dezidierte Aufhebungen zeitigt. „Energie und Produktion gehen jetzt einer Vereinigung mit Information und Wissen entgegen", so McLuhan:

> „Marketing und Konsum werden eins mit Wissenschaft, Erkenntnis und Aufnahme von Information. Dies alles geschieht im Zuge der elektrischen Implosion, die nun auf jahrhundertelange Explosion und immer stärkere Spezialisierung folgt" (McLuhan 1992 [1964], S. 397f.).

Dabei ist in dieser Dialektik von Explosion und Implosion eine basale Veränderung menschlicher Kollektivität angedacht, welche speziell auch inklusive Potentiale freisetzt und eine *neue Form von Afropolitanität* installiert: „Nach dreitausend Jahren der Explosion des Spezialistentums durch die technischen Ausweitungen unseres Körpers wirkt unsere Welt nun in einer gegenläufigen

Entwicklung komprimierend. Elektronisch zusammengezogen ist die Welt nur mehr ein Dorf. Die elektrische Geschwindigkeit, mit der alle sozialen und politischen Funktionen in einer plötzlichen Implosion koordiniert werden, hat die Verantwortung des Menschen in erhöhtem Maß bewußt werden lassen. Dieser Faktor der Implosion ist es, der die Lage der Neger [sic!] […] verändert. […] Sie sind jetzt dank der elektrischen Medien in unser Leben miteinbezogen wie wir in das ihre" (McLuhan 1992 [1964], S. 13). In der post-alphabetischen Medienkultur tritt der Mensch mithin nicht nur in Begegnung mit seiner eigenen Geschichte, er überwindet auch Kolonialismus, Rassismus und Diskriminierung. Denn für McLuhan ist es gerade die Ungerechtigkeit der Moderne, kulminierend im Kolonialismus der „Gutenberg-Galaxis", die durch die Revolution der elektronischen Medien aufgehoben wird. Freilich ließ er bereits ein zentrales Kapitel aus seiner Monographie zur *Gutenberg-Galaxis* (1962) aphoristisch einleiten:

> „Der für das 20. Jahrhundert typische Zusammenprall alphabetischer und elektronischer Kulturfronten verleiht dem gedruckten Wort eine entscheidende Rolle bei der Hemmung unserer Rückkehr zum Afrika in uns" (McLuhan 1995 [1962], S. 56f.).

Das heißt nichts anderes, als dass der Mensch im Zeitalter elektronischer Medialität wieder zu seinen Wurzeln als Afrikaner*in im globalen Süden zurückkehren kann.

Marshall McLuhan hat nun bekanntlich „Karl Marx und seine[n] Anhängern" vorgeworfen, nicht die „Dynamik der neuen Kommunikationsmedien zu verstehen" (McLuhan 1992 [1964], S. 53). Freilich irrt McLuhan hier, wenn er, um Marx zu kontern, eine ökonomische Analyse von Medien in eine psychologische

Fragestellung transformiert[2]. Marx hingegen aber bezieht sein Verständnis der Produktivkräfte ausdrücklich auf mediale Objekte, die für ihn im *Kapital* [1890ff.] zum Schlüssel der industrialisierten Moderne werden:

> „Das Hauptmittel zur Verkürzung der Zirkulationszeit sind verbesserte Kommunikationen. Und hierin haben die letzten fünfzig Jahre eine Revolution gebracht, die sich nur mit der industriellen Revolution der letzten Hälfte des vorigen Jahrhunderts vergleichen

---

2   Hans Magnus Enzensberger freilich hat McLuhan den „Bauchredner" einer „apolitische[n] Avantgarde" genannt. Enzensbergers Polemik: „Unfähig zu jeder Theoriebildung, bringt McLuhan sein Material nicht auf den Begriff, sondern auf den Generalnenner einer reaktionären Heilslehre. Was er zwar nicht erfunden aber als erster ausdrücklich gemacht hat, ist eine Mystik der Medien, die alle politischen Probleme in Dunst auflöst – jenen blauen Dunst, den sie ihren Anhängern vormacht. […] Mit seinen zahlreichen Vorgängern teilt er die Entschlossenheit, alle Probleme der ökonomischen Basis zu verdrängen, den idealistischen Ansatz, die Verramschung des Klassenkampfes im Himmelblau eines vagen Humanismus. Ein neuer Rosseau, wie alle Reprisen nur ein schwacher Abglanz des alten, verkündet er das Evangelium der Primitiven, die, natürlich auf höherer Ebene, zum prähistorischen Stammesdasein zurückkehren sollen in das ‚globale Dorf'" (Enzensberger 1970, S. 177f.). Es sollte deutlich geworden sein, dass Enzensberger eine sehr verkürzte McLuhan-Lektüre vornimmt, die gleichwohl doch einen zentralen Schwachpunkt bei McLuhan benennt: die fast völlige Ausklammerung ökonomischer Zusammenhänge, welche McLuhan nicht als Basis, sondern Überbau der medialen Produktivkräfte verstehen will. Jean Baudrillard wiederum hat dies in einer kritischen Würdigung der McLuhan'schen Position auf den Punkt gebracht: „McLuhan, den Enzensberger schmäht, indem er ihn als Bauchredner behandelt, [ist] mit seinem Satz ‚the medium is the message' einer Theorie sehr viel näher (würde er nicht, total blind für die gesellschaftliche Form, von der wir sprechen, die Medien und ihre planetarische Botschaft im Delirium eines urtümlichen Optimismus verklären)" (Baudrillard 1978, S. 94).

läßt. Auf dem Lande ist die makadamisierte Straße durch die Ei-
senbahn, auf der See das langsame und unregelmäßige Segelschiff
durch die rasche und regelmäßige Dampferlinie in den Hintergrund
gedrängt worden, und der ganze Erdball wird umspannt von Te-
legraphendrähten" (Marx 1975 [1894], S. 81).

Zugleich aber zeigt Marx in der Tat ein nur als defizitär zu cha-
rakterisierendes Konzept von Ästhetik, welches ihn etwa das
Theater gegenüber technologisch-apparativen Medien als irre-
levant klassifizieren lässt. „Dem Publikum verhält sich hier der
Schauspieler gegenüber als Künstler, aber seinem Unternehmer
gegenüber ist er produktiver Arbeiter", so Marx in den *Theorien
über den Mehrwert* (1863):

> „Alle diese Erscheinungen der kapitalistischen Produktion auf
> diesem Gebiet sind so unbedeutend, verglichen mit dem Ganzen
> der Produktion, daß sie gänzlich unberücksichtigt bleiben können"
> (Marx 1965 [1863], S. 386).

An dieser Stelle bleibt nachzudenken über die Rolle *ästhetischer
Formen des Medialen*, welche weder als autonom sich entwickelnde
Entitäten noch als bloße Effekte ökonomischer Prozesse zu verstehen sind. Vielmehr erscheinen sie als fragile Anordnungen und
instabile Assemblagen, *in* denen und *gegen* die das Kapital sich als
Selbstverwertung des Wertes stets kontradiktorisch reproduziert.
Aufgrund der intrinsisch eskalativen, also stets grenzüberschreiten-
den Qualität des Kapitals, das aus Wert immer mehr Wert generieren muss, sind Kolonialismus und Konstitution eines Weltmarktes
unweigerliche Folgen kapitalistischer Produktionsweise. Die Frage
nach der spezifischen Medienästhetik globaler Kultur aber wird
weder von Marx noch McLuhan hinreichend beantwortet.

Aus neomarxistischer Perspektive hat Louis Althusser dafür
wichtige Impulse gegeben. Althusser legt dar, wie Ideologie aus

einzelnen Individuen das macht, was er Subjekte nennt, wobei mit Individuen jene Menschen gemeint sind, auf die Ideologie einwirkt, indem sie ihnen Weisen des Verhaltens auferlegt. Subjekt hingegen ist keine Kategorie, die auf den Menschen gemünzt ist, sondern meint den Effekt, wenn Menschen im *Dispositiv der Ideologie* und d. h. in einer symbolischen Ordnung eingefangen werden. Medialität und Ästhetik nun können mit Althusser die symbolische Ordnung der Ideologie irritieren, dadurch dass sie Letztere von sich selbst distanzieren. Medienästhetik meint hier zunächst eine Ästhetik der klassischen Künste:

> „Es ist die Ideologie, die uns Kunst zu sehen gibt, in der Form von ‚Sehen‘, von ‚Wahrnehmen‘ und ‚Spüren‘ (was nicht die Form von Erkennen ist) – die Ideologie, aus der die Kunst entsteht, in die sie eingetaucht ist, von der sie sich selbst als Kunst ablöst und auf die sie anspielt" (Althusser 1981 [1965], S. 92).

Die Medienästhetik der Kunst weist hier Ideologisches aus als Ideologie und als solches zurück, indem sie sich ihrer bedient.

Die Kritische Theorie dagegen hat Ästhetik stärker als ein ganz Anderes zur Ideologie begriffen. Wie Herbert Marcuse herausarbeitet, meint das Politische der Ästhetik nicht etwa einen spezifischen politischen Inhalt, der als Referenz auf Gegenstände der Politik zu begreifen wäre. Vielmehr zielt es ab auf eine basale „Spannung zwischen dem Wirklichen und dem Möglichen". Denn, so Marcuse, Ästhetik

> „untergräbt die Alltagserfahrung und zeigt, dass sie verstümmelt und falsch ist […]; [sie] hat jedoch diese magische Kraft nur als Kraft der Negation. Sie kann ihre eigene Sprache nur so lange sprechen, wie die Bilder lebendig sind, welche die etablierte Ordnung ablehnen und widerlegen. […] In ihren fortgeschrittenen Positionen ist sie die Große Weigerung – der Protest, gegen das, was ist" (Marcuse 1998 [1964], S. 82).

Es geht hier um nichts weniger als ein anderes Realitätsprinzip, mithin das der Verfremdung als Erkenntnisfunktion: Ästhetik „spricht Wahrheiten aus, die in keiner anderen Sprache auszusprechen sind; sie widerspricht" (Marcuse 2004 [1977], S. 195). Für Marcuse und die Kritische Theorie verkörpert Ästhetik mithin das *negative Andere einer kapitalistisch-imperialen Ordnung*, deren Eindimensionalität auf den globalen Prozessen der Ausbeutung von Mensch und Natur fußt. Wo dabei der globale Norden und die fortgeschrittene Industriegesellschaft für Marcuse im Zeitalter des eindimensionalen Menschen und der Massenmedien allerdings keine ganze andere Ästhetik mehr hervorbringen können, ja diese gar unwiederbringlich mit der Aura des Kunstwerkes im „Zeitalter der technischen Reproduzierbarkeit" (Walter Benjamin) verloren gegangen ist, bleibt der globale Süden selbst ein großes Anderes der okzidentalen Moderne.

Näher bei Althusser als bei der Kritischen Theorie hat Antonio Gramsci hingegen darauf hingewiesen, dass in der Analyse von Kultur deren Fragmentierungen größere Relevanz besitzen als die Bildung von Synthesen. Für Gramsci umfasst Gesellschaft – nicht mehr wie bei Marx – nur den gesamten materiellen Verkehr der Individuen, sondern vielmehr die Menge aller ideologisch-kulturellen Relationen, nicht nur das kommerzielle und industrielle Leben, sondern vielmehr die *Gesamtheit des geistigen und kulturellen Lebens*. Gramsci zeigt, dass die materielle Struktur einer Gesellschaft ihre ästhetischen und kulturellen Formen überdeterminiert, d. h. in ihren unabhängigen, aber doch gleichzeitig auftretenden Effekten bestimmt. Dabei versteht er unter materieller Organisation alle jene Elemente, die in der Kultur das Bewusstsein des Menschen affizieren, sprich sowohl betreffen als auch berühren. Ideologie einer Epoche basiert mithin nicht auf

> „der Philosophie des einen oder anderen Philosophen, der einen oder anderen Gruppe von Intellektuellen, dieses oder jenes großen

Teils der Volksmassen: sie ist eine Kombination all dieser Elemente, die in einer bestimmten Richtung kulminiert, und ihr Kulminationspunkt wird zur Norm kollektiven Handelns, also zu konkreter und vollständiger (integraler) Geschichte" (Gramsci 1967, S. 147).

Kultur erscheint hier als eine Form der Herrschaft, in der ökonomische Macht repräsentiert wird, zugleich aber auch ihre Wirksamkeit erst erlangt. Der wichtige Punkt dabei ist einerseits, dass Kultur – und Ästhetik – gerade nicht als Repräsentation erscheinen, sondern stattdessen vielmehr als *soziale Performanzen von Verhältnissen*. Wie Gramsci andererseits ausführt, sollte Theorie daher stets an die jeweils spezifischen nationalen Kulturtraditionen eines Landes anknüpfen:

„Nach der Philosophie der Praxis […] muss […] die internationale Situation in ihrem nationalen Aspekt betrachtet werden. In Wirklichkeit ist das ‚nationale' Verhältnis das Resultat einer (gewissermaßen) einzigartigen, ‚originären' Kombination. Sie muß in ihrer Originalität und Einzigartigkeit verstanden und begriffen werden, um beherrschbar zu sein. Gewiss treibt die Entwicklung auf den Internationalismus zu, aber der Ausgangspunkt ist ‚national'" (Gramsci 1967, S. 358f.).

Worauf Gramsci hier mithin also abzielt, ist eine reziproke Perspektivierung des Globalen und Lokalen, wobei gleichwohl der Nationalstaat noch ein privilegiertes Prisma der Reflexion bildet.

Explizit an Gramsci anknüpfend, hat Raymond Williams herausgearbeitet, wie Kultur als materieller Horizont und Rahmen sozialer Praktiken verstanden werden muss. In Williams' berühmter Formulierung besitzt Kultur stets eine universelle Dimension, im Sinne „einer ganzen Lebensweise, materiell, intellektuell und geistig" (Williams 1972, S. 17). Kultur erscheint hier mit Gramsci nicht mehr länger als Abstraktum oder mentales Konstrukt, vielmehr wird sie als *whole way of life* zum Gegenstand einer wissenschaftlichen Reflexion, die versucht eine „Klärung der Bedeutungen und Werte zu besorgen, die von einer bestimmten Lebensweise, einer bestimmten Kultur implizit oder explizit verkörpert werden" (Williams 1983, S. 45). Eingelassen in kulturelle Konditionen, sind Medien hier selbst als Produktivkräfte spezifiziert, die in komplexe wechselseitige Relationen zu Ökonomie und Gesellschaft treten. Nie aber steht eine vermeintlich neutrale Technologie zur Disposition: Denn Medien, so Williams, sind immer schon mehr

> „than new technologies, in the limited sense. They are means of production, developed in direct if complex relations with profoundly changing and extending social and cultural relationships: changes elsewhere recognizable as deep political and economic transformations" (Williams 1977, S. 54).

Medien werden verstanden als materielle Organisation von Bedeutung, die wiederum stets mit historischen und kulturellen Kontexten relationiert sind, also Verhältnisse eingehen. Anders gesagt, Medien verweisen notwendig auf spezifische kulturelle Techniken, mit denen gleichsam bestimmte Technologien korrelieren, aber auch in Kontradiktion stehen. Dabei rekurriert Williams auf das Konzept der Hegemonie bei Gramsci, wenn er ausführt, wie Medien entscheidend mitbestimmen, was das Bewusstsein einer Gesellschaft tiefgehend prägt. Hegemonial ist für Williams die kapitalistische Ideologie des globalen Nordens, welche nicht etwa als sekundärer Überbau, sondern vielmehr als *gelebter Prozess* andersartige Formen von Kultur inkorporiert. Der Süden wird mithin von der kapitalistischen Funktionsweise des Nordens erfasst und gerade in seiner Differenz direkt einverleibt.

Williams' Schüler Stuart Hall hat an diesen Gedanken angeknüpft und zugleich auch für eine Verschiebung der Perspektive plädiert. Hall macht eine Emphase *postkolonialer Theorie* stark, die nach Einschreibungen der Kolonisation in metropolitane Regionen ebenso fragt wie nach Einschreibungen imperialer Macht in periphere Kulturen. Postkoloniales Denken impliziert hier eine spezifische Re-Konfiguration von Temporalität wie Spatialität, d. h. an spezifischen Orten zu spezifischen Zeiten. Der postkoloniale Einsatz erscheint als Figur der Transition – des basalen Übergangs:

> „Er markiert ihn jedoch nicht nur im Sinne von ‚damals‘ und ‚jetzt‘. Er verpflichtet uns auch, die binäre Form selbst, in der die koloniale Begegnung so lange dargestellt wurde, neu zu lesen. Er verpflichtet uns, die binären Oppositionen als Formen der Transkulturation, der kulturellen Translation neu zu lesen, die unweigerlich dazu führen, daß die kulturellen Hier-Dort-Polaritäten ein für allemal hinfällig werden" (Hall 1997, S. 227).

Dabei tritt für Hall besonders der globale Süden in den Fokus des Interesses. Er verbindet damit eine Dekonstruktion der Zuschreibungen von Zentrum vs. Peripherie. Die Evolution des Kapitalismus wird unter der Prämisse einer basalen Verwobenheit von Süden und Norden umgeschrieben:

> „Diese Änderung in der Erzählperspektive verlagert die ‚Geschichte‘ der kapitalistischen Moderne […] von ihrer eurozentrischen Ausrichtung hin zu ihren weltweit zerstreuten ‚Peripherien‘ […]. Das wirklich distinktive Element einer ‚postkolonialen‘ Periodisierung ist das rückblickende Umformulieren der Moderne innerhalb des Kontexts der ‚Globalisierung‘ […]. In dieser Hinsicht markiert der ‚Postkolonialismus‘ einen entscheidenden Bruch mit der gesamten historiographischen Großnarrative" (Hall 1997, S. 231f.).

Postkolonialität impliziert hier mithin sowohl eine Nachzeit des Kolonialismus wie zugleich auch eine Transversalität des Temporalen, d. h. Durchkreuzung fixer Zeitlichkeiten per se. Dabei konstatiert Hall als Merkmale des Postkolonialen mit Blick auf den Süden mehrere distinkte Eigenschaften. Zu nennen sind:

a. „die Unabhängigkeit von der direkten Kolonialherrschaft",
b. „die Herausbildung neuer Nationalstaaten",
c. „Formen der ökonomischen Entwicklung, die auf dem Zuwachs einheimischen Kapitals und auf der neokolonialen Abhängigkeit von der entwickelten kapitalistischen Welt basieren" sowie
d. „eine Politik, die aus der Entwicklung mächtiger einheimischer Eliten erwächst, die mit den widersprüchlichen Folgen der Unterentwicklung umzugehen haben" (Hall 1997, S. 228).

Bezüglich aller vier Merkmale stellt Hall heraus, wie bedeutend die *Dialektik zwischen Globalem und Lokalem* sich gestaltet. Ohne eine Universalität zu behaupten, beharrt Hall doch auf einem Begriff des Globalen, der die Singularität von Nationalstaaten stark relativiert:

> „‚Global' bedeutet hier nicht universal, doch ist es auch nicht nationen- oder gesellschaftsspezifisch zu verstehen. Es bezeichnet die Art und Weise, wie die kreuzweise quer und längs verlaufenden Wechselbeziehungen [...] den Zentrum-Peripherie-Gegensatz ergänzen und gleichzeitig ersetzen und wie das Globale und Lokale einander wechselseitig reorganisieren und umgestalten" (Hall 1997, S. 227f.).

Es geht Hall also weniger darum, eine Totalität des Postkolonialen zu hypostasieren als den auf basale Weise entorteten und differenzierten Charakter transnationaler Verflechtungen zu betonen. Worauf Hall dann fokussiert, sind als Repräsentation begriffene Fragen *kultureller Identitätspolitik*. Er apostrophiert, dass Bedeutung immer erst im Feld des Kulturellen generiert werden kann. Repräsentation gilt dann nicht etwa als nachträgliches Supplement von Identität, vielmehr unterstreicht Hall, dass sich Identität stets nur „innerhalb, nicht außerhalb der Repräsentation konstituiert" (Hall 1994, S. 26). Repräsentation bekommt von Hall mithin keine bloße Expressivität, sondern stattdessen eine zentrale Produkti-

vität zugesprochen. Hall sensibilisiert dafür, dass Repräsentation
einen medialen, d. h. gleichfalls vermittelnden wie vermittelten
Prozess meint, der auf Basis von Strukturen der Referenz, Sub-
stitution und Einschreibung operiert. Im Konnex von Medialität
und Repräsentation wird mithin Wirklichkeit konstruiert, indem
Systeme von Materialitäten/Ästhetiken/Zeichen im differentiellen
Zusammenspiel an der Produktion von Bedeutung arbeiten. Jede
Form von Wirklichkeit hat dementsprechend als performatorische,
sich selbst vollziehende Artikulation zu gelten, der Medialität und
Repräsentation mitnichten nachgeschaltet wären. Vielmehr referiert das Hall'sche Konzept der Repräsentation unhintergehbar auf
eine Medialität, die in der repräsentierenden Funktion von Welt
immer Wirklichkeiten erst verfügbar macht. Dabei inkludiert jede
Repräsentation ex negativo stets auch potentiell konkurrierende
Artikulationen einer Umformatierung respektive Neubespielung,
die gleichwohl dennoch niemals „authentisch", sondern ebenfalls
medial bedingt sind: Folglich existiert „keine Erfahrung außerhalb der Kategorien von Repräsentation" (Hall 2004, S. 52). Dies
freilich bedeutet nun nicht die Negation einer materiellen Welt
außerhalb von Repräsentation, nur mittels der performativen
Medialität von Repräsentationen jedoch kann dieser Welt erst
signifikatives Potential zukommen. Mediale Repräsentation spiegelt
also nicht Welt wider, als Verhandlungsraum hat sie stattdessen
stets vielmehr einen basal konstitutiv-generativen Charakter. Dies
macht das Konzept produktiv für kulturwissenschaftliche Untersuchungen, da kulturelle (künstlerische, literarische, filmische,
televisuelle, musikalische etc.), aber nicht zuletzt auch epistemologische Praktiken selbst notwendigerweise eine Medialität der
Repräsentation implizieren. Hall selbst geht es letztlich aber mehr
darum, einen „symbolischen Raum des Bildes [zu verwenden],
um Identität sowohl auszukundschaften und zu konstruieren als
auch gleichzeitig über sie hinauszugehen". Dadurch entsteht ein

„überdeterminierte[r] Raum, in dem verschiedene Differenzen sich kreuzen und überschneiden" (Hall 2002, S. 39).

Hall leistet so ein wichtiges Korrektiv für mimetische Verkürzungen eines Repräsentationsbegriffs, der auf dem Essentialismus fixer Referenzen besteht. Gleichwohl bleibt Halls Konzept von Repräsentation in seiner Verkürzung auf symbolische Räume aus einer medienwissenschaftlichen Perspektive noch immer zu unscharf. Auch wenn er die Fluidität von Bedeutung betont, so ist die Frage nach der Relation von Darstellung und Dargestelltem doch zu wenig spezifisch – vor allem zu wenig *medien*spezifisch.

Gilles Deleuze und Félix Guattari begreifen im Kryptomarxismus von *Was ist Philosophie?* (1996) dagegen Ästhetik selbst als genuin philosophisches Medium[3]. Sie erscheint nicht mehr nur als ein Aspekt materieller Organisation, sondern wird mit dem Denken selbst gleichgesetzt. Deleuze hat wieder und wieder versucht, Philosophie nicht auf Ästhetik anzuwenden, sondern direkt von der Philosophie zur Ästhetik zu gehen – et vice versa. Philosophie stellt für ihn das Denken in Begriffen dar, insbesondere das kreative Denken, also ein *Erfinden und Modulieren von Begriffen*. Hier sieht Deleuze etwa eine direkte Analogie zum Bewegungsbild und dessen Künstler*innen, die zwar keine Begriffe kreieren, aber trotzdem ein Denken praktizieren; die in Bildern und Tönen denken. Die „großen Autoren des Films" situiert Deleuze in Analogie zu den großen Denker*innen; ihm „erscheint nicht nur eine Gegenüber-

---

3 „Ich glaube, dass Félix Guattari und ich Marxisten geblieben sind, alle beide, wenn auch vielleicht in verschiedener Weise. Denn wir glauben nicht an eine politische Philosophie, die nicht auf eine Analyse des Kapitalismus und seiner Entwicklungen gerichtet ist. Bei Marx interessiert uns am meisten die Analyse des Kapitalismus als immanentes System, das seine eigenen Grenzen immer wieder hinausschiebt, auf einer höheren Ebene jedoch immer auf sie stößt, denn die Grenze besteht im Kapital selbst" (Deleuze 1993, S. 246).

stellung der großen Autoren des Films mit Malern, Architek-
ten und Musikern möglich, sondern auch mit Denkern". Denn
„[s]tatt in Begriffen, denken sie in Bewegungs- und Zeitbildern"
(Deleuze 1989, S. 11). Dieses ästhetische Denken des Medialen
muss von der Philosophie aufgenommen und auf den Begriff gebracht werden. Die Begriffe sind damit nicht von der Ästhetik sui
generis hervorgebracht, dem Medium aber dennoch immanent.
Es zwingt Philosoph*innen auf diese Weise, Begriffe zu gestalten,
die von der Ästhetik zur Philosophie und von der Philosophie
zurück zur Ästhetik wandern. Denn gerade das Bewegungsbild,
aber für Deleuze und Guattari auch die Medienästhetik der Kunst
ganz generell, versucht aus Perzeptionen und Affektionen, d. h.
dem, was sich auf Bildschirm und Leinwand manifestiert, Perzepte und Affekte als Blöcke von Empfindungen zu extrahieren.
Es muss die Perzepte den „Perzeptionen eines Objektes und den
Zuständen eines perzipierenden Subjekts [...] entreißen" (Deleuze
und Guattari 1996, S. 191), denn die Perzepte sind ohne Referenz,
also „unabhängig vom Zustand derer, die sie empfinden" (Deleuze
und Guattari 1996, S. 196). Auch entreißt das Bewegungsbild die
Affekte den Affektionen, da die Affekte eben keine Emotionen
darstellen, nicht ein „Übergang von einem Erlebniszustand in einen
anderen" sind, sondern vielmehr „das Nicht-menschlich-Werden
des Menschen" (Deleuze und Guattari 1996, S. 204). Sie „überstei-
gen die Kräfte derer, die durch sie hindurchgehen" (Deleuze und
Guattari 1996, S. 234). Medienästhetik besitzt dabei nicht primär
ein konzeptuelles Potential, eher komponiert sie Sensationen, d. h.
die in der Konfrontation von Rezipient*innen und Kräften der
Medienästhetik sich konstituierenden Sinneseindrücke. Während
Sensationen aus der Immanenz von Materie entstehen, ist es die
Aufgabe der Philosophie, diese Materie in Begriffen zu reflektieren. Was Künstler*innen also an Affekten und Perzepten lediglich
fühlen können, hat die Philosophie zu konzeptualisieren und

in Begriffen zu modulieren. Das bedeutet aber nun eben gerade nicht, dass es kein Denken abseits von Begriffen gibt. Stattdessen bleibt zwar das Denken vom Begriff und damit auch von der Philosophie zu differenzieren, jedoch existiert auch ein Denken, das nicht konzeptionell funktioniert, sondern sensualistisch im Sinnlichen. Mit Deleuze und Guattari ist Theorie immer eine Form von paraphrasierendem Nachhall, weniger ein distanziertes Nachdenken *über* eine Ästhetik des Medialen denn ein dialogisches Nachdenken *mit* ihr: als Resonanzboden, der audiovisuelle Zeichen in ihrer medialen Qualität wie ihren materiellen Effekten theoretisch-kontextualisierend nachvollzieht und damit Zeugnis ablegt von dem flüchtigen Spiel der Körper auf der Leinwand und dem Bildschirm. Ästhetik erscheint mithin gerade nicht als Repräsentation und Transparenz kultureller Medialität, sondern vielmehr im Sinne einer *eigendynamischen, d. h. keinen externen Gesetzen unterworfenen Agentur* audiovisueller und synästhetischer Bild-Ton-Assemblagen, die irreduzible Interventionen bleiben. Wie Deleuze emphatisch apostrophiert, sind etwa Bewegungsbilder als „semiotisch, ästhetisch und pragmatisch geformt", als eine „nicht-sprachliche Materie", die sich in der Welt permanent transformiert, zu verstehen:

> „Aus diesem Grund sind die Aussagen, ist die Erzählhandlung keine Gegebenheit der sichtbaren Bilder, sondern eine Konsequenz, die von dieser Reaktion herrührt. Die Erzählhandlung gründet zwar im Bild, doch sie ist nichts Gegebenes" (Deleuze 1991, S. 47).

Auf dem Spiel steht dementsprechend eine basale Nicht-Reduzierbarkeit der medialen Erscheinungen, sowohl im Hinblick auf ihre diskursiven Rahmungen wie auch theoretischen Implikationen in Fragen globaler Universalität wie lokaler Differenz.

Alain Badiou hingegen hat stattdessen eine radikale Verpflichtung des Ästhetischen auf eine *Ontologie der Wahrheit* gedacht. Mit

Badiou wird die Medienästhetik der Kunst selbst zum Wahrheits-
verfahren, dem Reflexion mithin immanent ist und das deshalb
gerade nicht zum Objekt der Theorie taugt. Die Wahrheit des
Ästhetischen, so Badiou, meint

> „immer die Wahrheit des Sinnlichen als sinnlich Spürbares. Das
> heißt: Umwandlung des Sinnlichen in ein Ereignis der Idee. Was
> Kunst unter den Wahrheitsprozessen einmalig macht, ist, dass
> das Subjekt der Wahrheit in der Wissenschaft der Macht des
> Buchstabens entnommen wird, in der Politik der unendlichen
> Ressource des Kollektivs und in der Liebe dem Geschlecht als
> Differenzierung. Die Kunst macht ein Ereignis aus dem, was der
> Gipfel des Gegebenen ist, des ungeschiedenen Sensoriellen, und
> dadurch ist sie Idee" (Badiou 2007, S. 26f.).

Die Medienästhetik der Kunst figuriert für Badiou mithin als ein
generischer Prozess, während das Subjekt selbst nichts anderes
sein kann als „jede lokale Konfiguration eines [solchen] generischen Prozesses, auf die sich eine Wahrheit stützt" (Badiou 2005,
S. 439). Badious Ästhetik ist daher auch keine Medienphilosophie
der Kunst, wie sie etwa Heideggers neoromantische Ontologie
des Kunstwerks als autonomer Grund von Wahrheit – vor der
auch Deleuze und Guattari nicht ganz gefeit sind – hypostasiert,
weil das putative Wesen von Kunst in einer „Stiftung der Wahrheit" liegt, welche „Geschichte gründet" (Heidegger 2003, S. 25).
Vielmehr ist es Badiou um eine Deskription jener Wahrheit der
Medienästhetik von Kunst zu tun, die sich in der Singularität des
einzelnen medialen Artefakts manifestiert. Dabei bringt Badiou
einen neo-maoistischen Begriff des Ästhetischen in Stellung, der
sich radikal oppositionell zur Dominanz des globalen Nordens
verhält. Badiou fordert ein, dass von Kunst nur dann zu sprechen ist,
wenn das Ästhetische des Medialen ausgeht von dem, was für den
Okzident nicht existiert. Andernfalls bleibt eine Komplizenschaft
mit dem Neokolonialismus des globalen Nordens zu konstatieren:

„Es ist besser, gar nichts zu tun, als formal an der Sichtbarkeit dessen zu arbeiten, von dem der Westen behauptet, dass es existiert" (Badiou 2007, S. 35). Badiou spricht von einem okzidentalen Todestrieb, der sich auf Basis eines neokolonialen Widerspruchs konstituiert. Im Zuge neuer Kämpfe um Rohstoffe und Ressourcen werden nun nicht mehr, wie im klassischen Kolonialismus, ganze Staaten und Weltregionen unterworfen, vielmehr zeigt sich die Genese zersplitterter herrschaftsfreier Räume ohne Permanenz staatlicher Strukturen. So schafft der globale Kapitalismus einen Süden, in dem oft kein Leben mehr möglich ist:

> „[I]n Afrika gibt es heute praktisch keinen wirklich freien Staat. Es herrschen oftmals korrupte Eliten, die Teil des Systems des globalen Kapitalismus sind, keine Frage. Bedenken wir jedoch nur, was mit jenen passierte, die ihre Länder einst wirklich befreien wollten: Patrice Lumumba, Amílcar Cabral und Ruben Um Nyobé wurden ermordet, Kwame Nkrumah aus dem Amt geputscht. Zudem hat allein Frankreich innerhalb von 40 Jahren rund 50 Militärinterventionen in Afrika durchgeführt. Das ist eine Art permanenter Krieg. Und nun wird Afrika zur Ausplünderung freigegeben. Sei es durch französische, britische, amerikanische oder chinesische Großkonzerne" (Badiou 2016).

Es ist Medienästhetik selbst, welche für Badiou diese Politik des Neokolonialismus zu konterkarieren hat. Dabei geht es allerdings nicht um Repräsentationskritik als vielmehr eine radikale Negation der neoliberalen Ordnung selbst. Für Badiou zeigt sich im Ästhetischen des Medialen das Potential einer Nicht-Kommunikation als Widerstand: „Die wahre Kunst ist daher das, was die Zirkulation unterbricht und nichts kommuniziert", will heißen: Ästhetik situiert sich nicht-okzidental und abstrakt, eben weil sie unbedingt das zur Erscheinung bringen muss, was „für die Medien und den Kommerz und somit auch für alle nicht existiert" (Badiou 2007, S. 35). Das

Ästhetische negiert die Dominanz des globalen Nordens, indem sie dessen Logik der Repräsentation selbst unterläuft.

Jacques Rancière hat in der Diskussion um Politik und Ästhetik einen ähnlichen Punkt stark gemacht, wenn er Eurozentrismus und Rassismus als zentrale Elemente des globalen Kapitalismus diagnostiziert. „Das Subjekt der Meinung sagt", so Rancière unmissverständlich, „was es über die Schwarzen und die Araber denkt, in derselben wirklichen/simulierten Weise, wie es aufgefordert ist, alles über seine Phantasmen zu sagen und sie gänzlich zu befriedigen" (Rancière 2002, S. 129). Das (neo)koloniale Subjekt leistet es sich, die subalternen Anderen als objekthaft, d. h. abstoßend verworfen zu definieren und dadurch in ihrer vermeintlichen Defizienz abzuwerten. Das „Problem" des globalen Südens, mithin der ehemaligen kolonisierten Subjekte ist im (Neo)Kolonialismus ergo stets verknüpft mit jener von Rancière analysierten „prä-politischen Fixierung einer grundsätzlichen Andersartigkeit, eines Gegenstandes absoluten Hasses" (Rancière 2002, S. 128). Politik kann dann entstehen, wenn diese Fixierung in einer neuen *Aufteilung des Sinnlichen* durchbrochen wird. Denn das Ästhetische des Medialen wird für Rancière nicht etwa erst politisch, wenn es explizit auf politische Inhalte rekurriert. In seiner Form ist es potentiell immer Teil von Politik: „In meiner Konzeption", so Rancière,

> „vermischen sich Ästhetik und Politik definitiv miteinander: Es gibt eine Ästhetik der Politik, weil die Politik zunächst das betrifft, was man sieht, was man darüber sagt und was man damit machen kann. Es gibt eine Politik der Ästhetik, weil die Ästhetik Formen der Gemeinschaft erschafft, die Ordnung der Wahrnehmung unterbricht und die sinnlichen Hierarchien erschüttert" (Rancière 2007, S. 85).

Was politische Philosophie demnach zu fokussieren hat, ist eine Substraktion des Denkens im Ästhetischen, das vom Denken in eine begriffliche Größe transformiert wird.

Einen anderen vieldiskutierten Vorschlag zum Konnex von Globalisierung und Ästhetik hat Franco Moretti aus einer Max Weber'schen, formalistisch-konservativen Perspektive erarbeitet. In „Conjectures on World Literature" (2000) reflektiert Moretti über Kontaktzonen zwischen europäischen Literaturtraditionen und ihrer transkontinentalen Aneignung, wobei er eine Verhandlung formaler Parameter identifiziert, wenn das okzidentale Genre des Romans von nicht-westlichen Schriftsteller*innen angeeignet wird:

> „in cultures that belong to the periphery of the literary system (which means: almost all cultures, inside and outside Europe), the modern novel first arises not as an autonomous development but as a compromise between a western formal influence (usually French or English) and local materials" (Moretti 2000, S. 58).

Im Rückgriff auf das Modell einer Dialektik zwischen Zentrum und Peripherie, wie sie von der politischen Ökonomie und dem brasilianischen Soziologen Roberto Schwarz im Speziellen angedacht worden ist, zielt Moretti darauf ab zu klären wie kolonialisierte Menschen angefangen haben, literarische Formen der Kolonisatoren zu nutzen und auf ihre Weise zu bearbeiten. Mit seinem Ansatz bemüht sich Moretti, eine reduktive Perspektive zu umgehen, die einen Binarismus zwischen Kolonialisierenden und Kolonialisierten aufbaut, und er will dabei ein drittes Element einführen, das über die Dichotomie der okzidentalen Form und nicht-okzidentaler Lokalität hinausgeht. Um dieses Ziel zu erreichen, versucht er die reduktive Dichotomie von Form und Inhalt hinter sich zu lassen zugunsten seiner Idee einer lokalen narrativen Stimme, die zwischen westlichem Einfluss und lokalen Zeichen vermittelt und die auf dem Spiel stehenden Elemente hybridisiert. Narration wird somit zum Mechanismus, der die hegemoniale Form kulturell an neue Anliegen orientiert. Im Hinblick auf diese Orientierung spricht Moretti von einem *Gesetz der literarischen Evolution*, gleichbedeutend mit einer Art von darwinistischem Prinzip, das sicher stellt, dass in Kulturen, die zur Peripherie des literarischen Systems gehören, der moderne Roman nicht als autonome Entwicklung aufkommt, sondern als eine Synthese zwischen westlich formalem Einfluss und lokalem Material. Nicht-okzidentale Menschen übernehmen also westliche Formen in ihre eigene kulturelle Erfahrung, was zu einer hybriden Kohabitation zwischen fremden Traditionen und indigenen Materialien führt. Diese Synthese kann sehr heterogene Manifestationen auf-, und sie kann gleichermaßen sehr unterschiedliche epistemologische Implikationen vorweisen: also erkenntnistheoretische Dimension besitzen. Abgesehen von einer bloßen Nachahmung fremder Materialien, die Moretti zumindest implizit denkt, richtet das Zusammentreffen zwischen okzidentaler Form und nicht-okzidentaler Erfahrungen einen Fokus nicht nur auf die Mächte, die die institutionellen Strukturen untermauern, die eine nichtwestliche Nation errichten, es kann auch die spezifischen Bedingungen von Modernisierung und Industrialisierung, welche eine Kultur lokal definieren, beleuchten. Deshalb greift eine Antwort zu kurz, wenn sie nur vermeintliches Angleichen von lokalem Material und okzidentaler Form denken kann. Was festgehalten werden muss, ist die Tatsache, dass nicht-okzidentale Medialitäten selbst schon Ausdrucksformen sind, die zwischen lokalem Kontext sozialer Erfahrungen und globalem Einfluss des kapitalistischen Projekts industrialisierter Kultur stehen. Des Weiteren ist Morettis Konzept eines dritten Elements lokaler narrativer Stimme immer noch nicht in der Lage, das binäre Denken von globalem Norden und globalem Süden zu überkommen. Dieser Mangel scheint von besonderer Problematik zu sein, wenn konkrete Medienanalysen vollzogen werden sollen: Denn können fremde Formen wirklich von lokalen Materialien in einem spezifischen Medienkontext separiert werden? Morettis dreischrittige Dichotomie vermag die komplexe Aushandlung vielseitiger Einflüsse, die jedes Medium organisieren, nicht zu erfassen. Produktiver wäre es freilich, die sogenannte fremde Form selbst als ein in sich differierendes Material zu betrachten, das von Komponenten, die nicht nur von okzidentaler Kolonialisation global verbreitet wurden, abhängig ist. Nicht zuletzt in Anbetracht des Einflusses speziell afrikanischer und asiatischer Medienästhetik auf die okzidentale Moderne erweist sich jede Binarität zwischen okzidentaler Form und lokalem Material als fragwürdig, und auch die mutmaßlich „authentische" okzidentale Natur des Modernismus selbst steht schließlich zur Debatte. Wenn die fremde Form okzidentaler Kunst schlicht angeeignetes Material darstellt, das in genau denselben Regionen etabliert worden ist, in die es zurückkehrt, dann sind okzidentale Elemente wohl gar nicht so authentisch in eben ihrer Okzidentalität.

Eine Medientheorie der Globalisierung müsste mithin eine Erforschung von Industrialisierung und Modernisierung einerseits und des kulturellen Ausdrucks in Verbindung mit diesen Prozessen andererseits leisten. Primärer Fokus einer globalisierten Medienwissenschaft wäre deshalb notwendigerweise die Verhandlung lokalen Materials und okzidentaler Form, jedoch nicht auf die Art und Weise, wie Moretti sie theoretisiert hat. Wenn Moretti das Moment der „Fremdheit" als absolut setzt und somit essentialisiert, muss hervorgehoben werden, dass die „fremde Form" kultureller Produkte nie exklusiv fremd sein kann, schon allein, weil diese ebenfalls von institutionellen Netzwerken industrieller Strukturen geformt sind. Das Fremde basiert auf einer gemeinsamen Erfahrung, und dies ist die Erfahrung der kapitalistischen Modernisierung: eher ein Globales als ein Fremdes. In Folge dessen reicht es nicht aus, den Einfluss idealisiert gedachter okzidentaler Formen auf nicht-okzidentale Gesellschaften zu analysieren. Was bedacht werden muss, ist die *Synthese zwischen ökonomischer Globalisierung und lokalem Material*, welche durch den Kontakt transnationalen Kapitals und sozialer Erfahrung im jeweiligen Kontext verhandelt wird. Dieser Ansatz hilft auch weiter, um okzidentalen Traditionen ihr Privileg zu entziehen. Dadurch, dass okzidentale Formen gleichermaßen in lokal spezifischer Begegnung von Modernisierung und Industrialisierung geformt sind, verlieren sie ihre vermeintliche Dominanz. Aus demselben Grund erscheinen nicht-okzidentale Formen weniger als eine einfache Nachahmung ihrer westlichen Gegenstücke. Anstatt nur am normativen Modell okzidentaler Welt gemessen zu werden, können nicht-okzidentale Medialitäten als Objekte singulärer Ereignisse, die in komplexen lokalen Traditionen situiert sind, gesehen werden. Genauso wie okzidentale Medialitäten wären sie als spezifische Synthesen zwischen Kapitalismus und Kultur, aber nie als reine Kopie derjenigen Aushandlungen, welche die Begegnung von Modernisierung und Medialität im globalen Norden generierte, zu begreifen. Dementsprechend ist das Gesetz der medialen Evolution nicht immer eine Synthese zwischen okzidentaler Form und lokalem Material, es ist vielmehr immer eine Aushandlung zwischen okzidentaler Form und dem lokal ausgehandelten Einfluss von Moderne und Kapitalismus. In der Tat ist dies stets der Fall, im globalen Norden ebenso wie auch im globalen Süden.

Wenn eine Medientheorie der Globalisierung das Gesetz der Evolution ernst nimmt, müsste sie versuchen, die Bedingungen, unter denen eine gegebene Kultur ihre Schritte in die Modernität macht, entlang deren eigener Gegebenheiten zu verstehen. Wie jede Kultur ihre spezifische Modalität vornehmen muss bei der Bewegung in die Modernität, so muss die Analyse konkreten Kontexten, die solch eine Bewegung hervorbringen, Aufmerksamkeit zollen. In jedem Fall wird das Modell des Okzidents nicht geeignet sein, um alle anderen Formen kultureller Industrialisierung abzudecken. Nur weil der globale Norden seinen Sprung in die Moderne früher als andere Teile der Erde angetreten hat, wird sein Weg nicht unbedingt von anderen Kulturen dupliziert. Er kann vielleicht eine längere Geschichte kapitalistischer Modernisierung vorweisen, aber diese Geschichte bedeutet nicht zwangsläufig, dass die Konstellationen, die den globalen Norden geformt haben, auch für andere Kontexte anwendbar sind. Gleichermaßen sind okzidentale Medienobjekte nicht verpflichtende Heuristiken, mit denen andere Formen beurteilt werden müssen. Wenn also dominante okzidentale Formen erscheinen, bilden sie in keinem Fall privilegierte Synthesen zwischen Globalität und Lokalität gegenüber anderen. Wie Paul Willemen (2005) in seiner sehr wohlwollenden Diskussion von Franco Morettis Argumenten klar gemacht hat, ist die wirklich wichtige Frage deshalb, wie das Zusammentreffen mit dem Kapitalismus spezifische kulturelle Formen in partikulären geographischen Regionen generiert, sowohl innerhalb wie auch außerhalb der okzidentalen Welt. Denn in der Tat scheint es ein und dieselbe Dynamik zu sein, die globalen Norden und globalen Süden zugleich antreibt: das Umformatieren sozialer Beziehungen durch Kapitalismus und Modernisierung. Aber wie genau die sozialen Beziehungen umformatiert werden, das unterscheidet sich von Staat zu Staat und von Region zu Region. So müssen auch die von der Industrialisierung generierten Kulturformen sich voneinander unterscheiden. Differenzen sind von lokalen Geschichte(n) geprägt, Analogien von der Begegnung mit sozioökonomischen Dynamiken, die global wirken. Der komparative Rahmen für die Untersuchung einer *planetarischen Medialität* muss daher auf einer Konzeptionalisierung der Relationen, in denen jede Kulturproduktion die Spuren der Dynamik von Kapitalisierung und Modernisierung trägt, aufbauen. Oder anders gewendet, die Reflexion hätte abzuzielen auf okzidentale Kulturformen und soziale Erfahrungen in einem lokalen Kontext einerseits, aber auch den globalen Fluss von Kapital andererseits.

Es ist mithin die Auffassung von Zentrum und Peripherie selbst, die von einer Medientheorie der Globalisierung dekonstruiert werden muss. Da Morettis Modell fremder Form und lokalen Materials unwillkürlich eine okzidentale Sichtweise auf die Welt wirft, in der der globale Norden das Zentrum und der globale Süden seine Peripherie bildet, reicht es nicht aus, das okzidentale Paradigma, an dem alle anderen Kulturen gemessen werden, zu überwinden. Die unvermeidbare Konsequenz dieses Modells ist die Festigung eines Binarismus, der dem globalen Norden eine privilegierte Position einräumt, die von anderen Regionen der Erde differiert. Obwohl Moretti selbst Fredric Jamesons Konzept einer post-dialektischen Bewegung der Modernität zitiert, weicht Moretti nichtsdestotrotz explizit jeglicher Betrachtung von Subjektpositionen aus. In Morettis Sichtweise bezieht sich das Konzept von Weltliteratur nicht so sehr auf spezifische Konfigurationen medialer Objekte, als dass es zentrale Herausforderungen in Hinblick auf die Methoden ihrer Analyse stellt. Für ihn ist die Vorstellung einer Weltliteratur zu allererst ein theoretisches Problem, das durch das von Moretti sogenannte *distant reading* gelöst werden soll. Dort scheint Distanz als Bedingung des Wissens auf, dessen Fokus sich auf spezifische Einheiten zu konzentrieren hat:

> „It has greater explanatory power; it's conceptually more elegant; it avoids that ugly 'one-sidedness and narrow-mindedness'; whatever. The point is that there is no other justification for the study of world literature (and for the existence of departments of comparative literature) but this: to be a thorn in the side, a permanent intellectual challenge to national literatures – especially the local literature. If comparative literature is not this, it's nothing" (Moretti 2000, S. 68).

Morettis distanzierte Lektüre, wie sie von seinem Glauben an empirische Methoden der Sozialwissenschaft inspiriert ist, bringt ihn dazu, jede Analyse in Form eines *close reading* aufzugeben. Somit kappt er auch die Verbindung zwischen Medialität und Historie, wenn es um kulturelle Adressierungen geht. Morettis Imperativ der Distanz läuft darauf hinaus, dass er jegliche Auffassung von ästhetischer Signifikanz verwirft, so dass gerade eine Analyse bedeutungsstiftender Strukturen suspendiert wird. Er kann daher nicht die komplexen Prozesse ästhetischer Bedeutung berücksichtigen, die Fredric Jamesons spätmarxistischer Ansatz noch im Sinn hat, wenn Jameson von den abstrakten formalen Mustern der okzidentalen Romankonstruktion und dem Rohmaterial sozialer Erfahrung in nicht-okzidentalen Gesellschaften spricht, auf die Moretti selbst Bezug nimmt, wenn er sein trianguläres Modell der fremden Handlung, lokaler Charaktere und schließlich lokaler narrativer Stimme entwickelt. Es ist aber Jamesons Dialektik statt Morettis Formalismus, welche der Medienwissenschaft ein hilfreicheres Konzept bezüglich des grundsätzlich *kontradiktorischen Verhältnisses zwischen Medialität und Globalisierung* zur Verfügung stellt:

> „the raw material of […] social experience and the abstract formal patterns of Western novel construction cannot always be welded together seamlessly" (Jameson 1993, S. xiii).

Von einem Jameson'schen Standpunkt aus läge die Aufgabe der Medienwissenschaft dann darin danach zu fragen, wie spezifische mediale Objekte ihre Nutzer*innen orientieren, d. h. in welche Richtung ihre Medialität versucht sie zu lenken. Damit wäre ein dialektisches Modell skizziert, das, mit Jameson gesprochen, tatsächlich als eine „reflektierende Dialektik paßt zu einer Situation, in der – aufgrund der Dimensionen und der Ungleichheit einer neuen globalen Ordnung – das Verhältnis zwischen dem Individuellen und dem System falsch definiert, wo nicht verflüssigt oder gar aufgelöst zu sein scheint". Eine solche Medientheorie der Globalisierung hätte dann nichts weniger zu leisten als den medialen Objekten eine Signatur der Geschichte abzulesen, im emphatischen „Aufspüren der abwesenden Gegenwart der Totalität in den Aporien des Bewußtseins oder seiner Hervorbringungen" (Jameson 1991, S. 310). Es geht also um ein Aufspüren der Totalität des globalen Kapitalismus in eben jenen Formen des Bewusstseins, die er kulturell generiert.

Infolgedessen kann ein Verhältnis von Medialität und Kultur nur verstanden werden, wenn sowohl lokale wie globale Kontexte reflektiert sind und damit eine Situierung im Weltsystem der ungleichen Machtverteilung zwischen Norden und Süden stattfindet. In Bezugnahme auf Walter Benjamins Figur des Historikers als Detektiv, den Grübler, hat Jameson in *The Geopolitical Aesthetic* (1995) ein Lesen von Texten als fragmentiert, durchweg allegorisch eingefordert: aufgrund der Tatsache, dass das Fragment im Spätkapitalismus immer die Totalität selbst und das Weltsystem als solches darstellt. Heute, so Jameson, d. h.

> „the present conjuncture, sometimes called the onset of postmodernity or late capitalism, is that our most urgent task will be tirelessly to denounce the economic forms that have come for the moment to reign supreme and unchallenged. This is to say, for example, that those doctrines of reification and commodification which played a secondary role in the traditional or classical Marxian heritage, are now likely to come into their own and become the dominant instruments of analysis and struggle" (Jameson 1995, S. 212).

Zur Aufgabe einer Medientheorie der Globalisierung wird mit Jameson so eine Analyse der Beziehung zwischen Industrialisierung und Modernität vis-à-vis der korrelierenden Produktion von Kulturgütern, d. h. also die Erforschung von Verbindungen zwi-

schen ökonomischen Bedingungen und Medien. Jameson, der die
Ära der Globalisierung auch Postmoderne oder Spätkapitalismus
nennt, plädiert dafür, die Dominanz von Reifikation und Kommodifizierung, die im klassischen Marxismus noch eine sekundäre
Rolle spielen, nun ins Zentrum der Theorie zu rücken. Gegen eine
naive Basis-Überbaustruktur argumentierend, dreht Jameson die
orthodoxe und letztendlich unproduktive Schwerpunktsetzung
traditionellen Marxismus um. Anstatt der ökonomischen Prozesse,
die als formgebend für kulturelle Formen galten, fokussiert er das
mediale Potential, mit dem Menschen aktiv jene historischen Konstellationen reflektieren, von denen sie Teil sind. Jedes Medienobjekt
figuriert somit als *politische Projektion* der tatsächlichen sowie
virtuellen Beziehung zwischen einem individuellen und einem
sozialen Kontext, dem Menschen in einer spezifischen historischen
und kulturellen Situation angehören.

In seinem späten Aufsatz „Globalization and Hybridization"
(2010) hat Fredric Jameson diese Relation explizit auf eine Dialektik
der Differenz bezogen. Für ihn meint kulturelle Globalisierung stets
„an affair of difference and identity combined": eben „not merely of
new syntheses, but of oppositions preserved in the very condition
of that precarious (and maybe even fictive) synthesis" (Jameson
2010, S. 316). Jamesons klassische Idee des *cognitive mapping* (1988)
als vom sozialen System produzierte Subjektbeziehung des Sin-
gulären zum in seiner Totalität unrepräsentierbaren, d. h. nicht
darstellbaren Universalen, macht dann klar, dass es nur möglich
ist, mediale Objekte in ihrer globalen Komplexität zu verstehen,
wenn man sich mit ihrer lokalen Eigenheit auseinandersetzt. So
gesehen, verweist die Beziehung zwischen Medialität und Kultur
immer auf die Zirkulation von Kultur in einem globalen Prozess,
was wiederum fluide Geographien erschafft. Jameson adressiert
diese Flexibilität durch sein Konzept des *cognitive mapping* und
bezieht sich damit auf mentale Muster, die Menschen als Mittel

benutzen, die Welt in der sie leben zu verstehen. Durch kognitives
Mapping orientieren sich Subjekte in Beziehung zu der globalen
Totalität um sie herum. Was mediale Objekte machen, ist diese
kognitiven Karten, nach denen Subjekte ihren Platz in einer historischen Situation zu verstehen versuchen, zu projizieren. Sie
formen die menschlichen Sinne des In-der-Welt-Seins, während
sie gleichzeitig Mittel bereitstellen, um das Projekt der kapitalistischen Moderne zu reflektieren. Somit funktionieren sie als ein
Schnittpunkt zwischen dem Partikulären und dem Globalen. In
anderen Worten: Mediale Objekte funktionieren als eine heuristi-
sche Karte sozialer Konstellationen, die gerade über die individuelle
Fassungskraft hinausgehen. Indem sie mediale Objekte als kognitive
Karten versteht, kann eine Theorie der Globalisierung sich über
traditionelle Kritik der Ideologie hinaus bewegen, weil Effekte von
Medialität nicht als bloße Manipulation von Subjekten, sondern
stattdessen vielmehr als eine produktive und bedeutungsvolle
Begegnung zwischen einem Subjekt und der Repräsentation von
seiner sozialen Welt gesehen werden. Mediale Objekte erscheinen
als vielschichtige historisch-kulturelle Formationen, wobei jede
Schicht von komplexen Verbindungen zwischen globalen und
lokalen Kräften charakterisiert ist. Als Folge dessen bietet das
Konzept des kognitiven Mapping der Medienwissenschaft ein
wertvolles Instrument. Nicht nur um die Kluft zwischen Medialität
und Historie zu überbrücken: Es kann auch dazu beitragen, Medienwissenschaft eine wirklich komparative Disziplin werden zu
lassen, die es möglich macht, die Beziehung zwischen globaler Form
und lokalem Material ebenso zu denken wie genau jenes Wissen,
das von medialen Objekten bereitgestellt wird. Dafür könnte eine
Theorie der planetarischen Medialität produktive Impulse liefern.

Globale Städte und lokale Urbanität: Von der afropolitanen Metropole zur Ästhetik des Überflusses

3

Die Debatte um globale Städte als einem neuen Typus urbaner Organisation jenseits des Primats von Nation und Staat hat insbesondere die jüngere Soziologie geprägt (Sassen 1991 und Sassen 1994). Seit einigen Jahren aber wird sie auch von Medien- und Kulturwissenschaft intensiv rezipiert. Die globale Stadt erscheint hier als Kristall einer neuen Logik globaler Ökonomie wie auch Kultur: Einerseits impliziert die globale Stadt eine räumliche Dispersion weg vom Nationalstaat, andererseits zugleich aber die Fixierung eines Knotenpunkts; einerseits impliziert sie eine temporale Simultaneität in der Verknüpfung mit anderen globalen Städten, andererseits eine interne Disjunktion von überflüssigen Einwohnersegmenten. In einer der vieldiskutierten Spezialausgaben des Journals *Public Culture,* das Johannesburg als *The Elusive Metropolis* gewidmet ist, versuchen die Herausgeber*innen Achille Mbembe und Sarah Nuttall nichts weniger als Globalisierung aus der Perspektive einer afrikanischen Großstadt zu schreiben (siehe ausführlich dazu Ritzer und Tomaselli 2018). Der Bau afrikanischer Städte, so zeigt der kamerunische Philosoph Mbembe, wurde bislang ungenügend vor allem als eine Struktur, die radikaler Transformation bedarf, aber

© Springer Fachmedien Wiesbaden GmbH, ein Teil von Springer Nature 2018   47
I. Ritzer, *Medientheorie der Globalisierung*, Medienwissenschaft: Einführungen
kompakt, https://doi.org/10.1007/978-3-658-19782-7_3

nicht ästhetische Formation des Medialen sein kann, beschrieben.
In Bezug auf Mbembes Denkfigur einer Ästhetik des Überflusses
wird dieses Kapitel mögliche Beziehungen zwischen Medialität
und Kultur darlegen, darauf abzielend, das oft widersprüchliche
Spektrum kultureller und künstlerischer Produktion in einem
metropolitanen urbanen Kontext zu verstehen. Bei Betrachtung
von jüngsten Imaginationen afrikanischer Großstädte in der Medienkultur liegt die Wette nicht nur darin, künstlerische Praktiken
als vorwiegend okkupiert mit/von Oberflächenreizen zu beschreiben, sondern auch darin, sich mit einer zeitgenössischen Ästhetik
auseinanderzusetzen, welche die afrikanische Metropole in einer
selbst hysterischen Weise imaginiert, nachgerade besessen von
Intensität und einer Sucht nach rauschhafter Erfahrung.

Die urbane Metropole als der soziale Raum der Moderne par
excellence ist ein ökonomisches sowie kulturelles Konzept. Deshalb
adressiert die Struktur der Metropole nicht nur Gewebe materieller
urbaner Realitäten, sondern auch entsprechende imaginierte Räume. Dieser immaterielle Raum ist nichtsdestotrotz aus materiellem
Leben geformt, und er kann durch multiple Sphären angesprochen
werden, die vom kulturellen Imaginären produziert sind. In anderen
Worten, das soziale Imaginäre bezieht sich immer auf die gelebten
Erfahrungsweisen, aus der metropolitane Urbanität als Stadt entsteht. Es ist dann das Im-Raum-Leben der Bewohner*innen einer
Stadt, das den immer komplex gebrochenen Zugang zum Konzept
der Metropole offeriert und nach der generativen Macht spezifischer
Praktiken zu interpretieren bleibt. In der Tat eben ist eine Stadt nicht
einfach nur Infrastruktur, Technologie oder Institution, wie auch
immer diese verbunden sind. Vielmehr bildet die Stadt einen Ort der
Rhythmen, Bilder und Töne. Anders gesagt, das Verständnis einer
Metropole impliziert immer viel mehr als einen gebauten urbanen
Raum, mehr als Ziegel und Mörtel. So muss die Stadt als ein Raum
von Lebenswelten verstanden werden, der nie von den Subjekten,

die darauf immer zugleich Einfluss nehmen und davon beeinflusst werden, zu trennen ist. Dennoch wird das Konzept der Stadt aber auch nicht von (post)moderner Individualität erschöpft, dessen fluide Identität von Urbanität geformt ist, so wie sie selbst die Stadt formt. Was zumindest ebenso berücksichtigt und fokussiert werden muss, das sind genau die kulturellen Formen, die ihre Bedeutung nur durch räumliche Interaktion mit der Stadt gewinnen. In einer Gesellschaft, die von Omnipräsenz der Massenmedien gekennzeichnet ist, kann das soziokulturelle Imaginäre zentral durch das Prisma der audiovisuellen Konfigurationen, die von ihrer Medialität bereit gestellt werden, erfasst werden. Kurz gesagt: Die moderne Metropole ist eine Medienstadt. Was Medien machen, das ist kognitive Karten zu projizieren, durch die eine historische Situation erst verständlich wird. Medien formen die Sinne der Menschen und ihr In-der-Welt-Sein, während sie gleichzeitig Mittel bereitstellen, um die Bedingungen urbaner Modernität reflektieren zu können.

Im Kontext des Nachdenkens über den globalen Süden und afrikanische Metropolen nimmt die Stadt Johannesburg einen besonderen Platz ein. Es ist, wie Achille Mbembe (2004) gezeigt hat, der erste Ort auf dem Kontinent, wo Kapital, Arbeit und Industrie zusammenkamen. In Johannesburg manifestierte sich die modernistische Idee der Stadt als Maschine durch industrielle sowie kulturelle Produktionsweisen, aber auch entlang einer spezifischen Raumpolitik, eng verbunden mit Ideologien des Kolonialismus und der südafrikanischen Apartheid (siehe ausführlich dazu Ritzer 2016c, Ritzer 2018a). Seit dem Ende der Apartheid im Jahr 1990 ist eine umfassende *Kommodifizierung des Raums* zu konstatieren, die Johannesburg nach wie vor zu einer Stadt der Extreme macht. Während die Stadt als das ökonomische Machtzentrum des Landes sowie der finanzielle Knotenpunkt des gesamten Kontinents bestehen bleibt, figuriert sie weiterhin in großen Teilen auch als Ort der Armut. Permanent fragmentiert, ist die Metropole Johannesburg ein Raum stärkster Gegensätze, in dem Kriminalität und Verfall direkt Tür an Tür mit Wohlstand und Macht existieren, wo das Ende der legalisierten Segregation zu neuem Rassismus und Gewalt auf der einen Seite und zu Möglichkeiten ständiger Mobilität und urbanem Wandel auf der anderen Seite geführt hat. Mit Stacheldrahtzaun und Sicherheitsmauern, die als einzige materielle Grenzen die Mobilität der Menschen limitieren, ist Johannesburg heute eine afrikanische Metropole, die zwar sukzessive vom Schatten eines rassistischen Polizeistaates befreit ist, aber sich zugleich ununterbrochen neu zu erfinden hat in einer Konstruktion aus heterogenen Fragmenten, die vor allem von einer konstanten Zirkulation audiovisuellen Materials unterfüttert werden. Eingebettet in komplexe lokale Geschichte ebenso wie in die Ströme der globalen Medienkultur, konstituiert sich in Afrika eine charakteristisch postkoloniale Form metropolitaner Urbanität, die primär durch Koexistenz von Zerfall und der Genese neuer Agenturen definiert ist (siehe ausführlich dazu Ritzer 2016e, Ritzer 2018d, Ritzer 2018e). Dieses Doppelmoment bringt differentielle Strukturen kultureller Objekte ins Spiel, die zwischen okzidentaler Modernität und afrikanischer Aneignung vermitteln, wodurch eine Stadt geschaffen wird, die sich ständig im Werden (neu) anordnet. Es generiert eine Kultur der Kurzlebigkeit, immer veränderlich, immer improvisierend, immer adaptiv. Zugespitzt formuliert: Die afrikanische Metropole ist der Raum für Flexibilität, Erfindung und Anpassung par excellence.

Natürlich war Johannesburg in gewissem Sinne schon immer eine globale Metropole. In der Stadt, die Mbembe heute als Konglomerat aus Kinshasa, Kairo und Los Angeles begreift, existiert eine komplexe Geschichte urbaner Formen, die aufs Engste mit den Bedürfnissen des Kapitals verknüpft ist. Es muss erinnert werden, dass die Stadt Johannesburg in erster Linie als ein Produkt industriellen Kapitalismus zu gelten hat, das auf den Goldrausch am Witwatersrand im Jahr 1886 zurückgeht und Gold zur zentralen Ressource des nationalen ökonomischen Systems machte. In Südafrika war es immer das Gold, das zugleich sowohl als Rohmaterial für den Kapitalismus wie auch als das Symbol des Wohlstandes der Bürger*innen fungierte. Während jedoch der Rausch nach Gold als Motor für den Aufbau von Johannesburg bezeichnet werden kann, scheint der Rausch im Johannesburg der Postapartheid-Ära vielmehr ein *Rausch nach dem Rausch selbst* zu sein, d. h. ein Rausch an und für sich. Was neu erscheint in Johannesburg, das ist die transformative Produktion von Raum als ein Produkt des globalen Spätkapitalismus, die eine Proletarisierung von Warenbegehren auf der einen Seite und eine Stilisierung von Konsum auf der anderen Seite schafft. Kurzum, die Stadt hat selbst die Form einer Ware angenommen und ist radikal verdinglicht geworden. Als die afrikanische Metropole par excellence figuriert Johannesburg als ein stilisiertes Produkt für den nationalen sowie den internationalen Blick. Der Einbezug von ausländischen Besucher* und Investor*innen macht die Stadt zu einem wichtigen Gewinn für neue urbane Architekturen, die klischeehafte Auffassungen von afrikanischen Städten abschaffen und die Konstruktion ökonomisch gerechter sowie kulturell flexibler Formen afrikanischen Lebens ermöglichen. Durch die Kommodifizierung und Vermarktung von Urbanität gemäß einer verdinglichten Logik der Ästhetisierung gewinnt die afrikanische Metropole eine Identität der Alterität, und sie öffnet sich dem globalen Strom kommodifizierter, d. h. zur Ware gewordener Identitäten, in dem internationale Banken und transnationale Konzerne als Rahmenmächte agieren.

> „Postapartheid Johannesburg has become the regional headquarters of international banks and transnational corporations and a major site of concentration for accounting, legal, and information services",

so Achille Mbembe:

„These developments are concomitant with the emergence of media
and high-technology centers and new theaters of consumption [...]
in which space and images are both *figural forms* and *aestheticized
commodities*" (Mbembe 2004, S. 394).

In anderen Worten: Aus dem Goldrausch ist ein Medienrausch
geworden. Der Rausch, den die Medienkultur bietet, bildet jene
Grundlage, auf die Johannesburg gebaut ist.

Unter Bezugnahme auf einerseits Siegfried Kracauers Konzept
der Kaliko-Welt als ein Raum der Kopien und der Verzerrun-
gen, die aus der Zeit herausgerissen scheinen und in eine neue
Geographie gebracht werden, und andererseits Gilles Deleuzes
und Félix Guattaris Denkfigur der verfugenden Assemblage im
Sinne eines losen Zusammenschlusses als kontingentes Ensemble,
das sich entlang der Achsen von fixierender Territorialität und
enträumlichender Deterritorialisierung ausrichtet, führt Achille
Mbembe aus, dass Johannesburgs metropolitanische Urbanität
eine Kommodifizierung von Wünschen und Fantasien reflektiert,
die wiederum auf einem materiellen Konsum von Ästhetik beruht,
welche in erster Instanz von medialen Audiovisionen bereitgestellt
wird. Was Mbembe eine *Ästhetik des Überflusses* nennt, ist eine
Offerte dazu, kommodifizierte Kultur zu konsumieren: als „complex area of daily life located beyond the sphere of poverty and
necessity", direkt gekoppelt an „luxury, rarity and vanity", kurzum:
„conspicuous spectacle" (Mbembe 2004, S. 278). So artikuliert
diese Ästhetik des Überflusses den Bezug auf mediale Objekte, die
als spektakuläre Oberflächenphänomene gleichsam die gesamte
Tiefenstruktur der afrikanischen Metropole ausdrücken. Diese
Ästhetik des Überflusses generiert wie gedeiht durch Formen des
Spektakels. Sie errichtet eine neue Form metropolitanen Lebens,
das untrennbar mit audiovisuellem Material verwoben ist. Um mit
Mbembes Gewährsmann Félix Guattari zu sprechen: Es geht hier
um das entscheidende Ziel einer „Erfassung der a-signifikanten

Bruchpunkte – wo Denotation, Konnotation und Bedeutung zerbrechen – als Quelle einiger semiotischer Kettenglieder, welche dazu ansetzen werden, im Dienste einer existentiellen Selbstbezüglichkeit zu wirken" (Guattari 1994, S. 56). Eben jene Autoreferenz ist in der Ästhetik des Überflusses adressiert.

Wenn Johannesburg den klassischen Standort einer afrikanischen Form von metropolitaner Modernität bildet, dann wird die Produktion von *Con Game* (2014) ihre wohl wichtigste audiovisuelle Produktion gewesen sein. Pace Mbembe kann es allerdings nicht nur darum gehen, *Con Game* als eine artistische Praxis zu beschreiben, die tiefgehend mit ostentativer Spektakularität operiert, vielmehr wäre an ihrem Beispiel eine zeitgenössische Ästhetik des Globalen zu reflektieren, welche die afrikanische Metropole selbst auf eine hysterisch asignifikative, d. h. Bedeutung instabil machende Weise imaginiert: eine audiovisuelle Kartographie von Johannesburg, die von Sehnsucht nach Intensität und dem Rausch nach Rausch besessen scheint. In der City of Johannesburg, mithin dem klassischen Standort für eine afrikanische Form der metropolitanen Modernität, in mehr als einem halben Dutzend afrikanischer Sprachen (unter anderem: Zulu, Englisch, Afrikaans und südliches Sotho) gedreht, ist *Con Game* – im Original: *iNumber Number,* Pidgin-Zulu für „Raubüberfall" – zum einen als *morality play* in Form der *crime fiction* zu verstehen. Den zwei Polizisten Chili (S'dumo Mtshali) und Shoes (Presley Chweneyagae) folgend, porträtiert das Narrativ die South Western Townships (Soweto) als eine Landschaft der Gesetzeslosigkeit, und es stellt dabei nicht nur die Menschen als so verzweifelt dar, dass sie in gewalttätiger Kriminalität ihre Zuflucht suchen müssen, sondern lässt auch jeden Polizisten die Situation hinterfragen: ob es denn wert ist, das Leben jeden Tag aufs Spiel zu setzen für ein mageres Gehalt und im Dienste eines korrupten Systems, oder ob es nicht attraktiver sein könnte, sich den Gangsterbossen und deren Leben im Überfluss anzuschließen.

Nicht überraschend gemäß der generischen Logik, wird das Dilemma der Township-Polizisten zu Gunsten ersterer Möglichkeit aufgelöst. Obwohl sie Johannesburg permanent als Stadt der Krise ins Gesicht schauen, versuchen die Polizisten dennoch gegen alle Schwierigkeiten anzukommen, und sie entscheiden sich am Ende sauber zu bleiben, ja die Soweto-Gangster ganz ohne Hilfe vom korrupten Rest der Polizei um sie herum zu stellen. Kurzum, auf dem Spiel steht eine *postkoloniale Misere*, die Achille Mbembe als Kehrseite einer Ästhetik des Überflusses begreift:

> „Zwei Jahrzehnte nach der Wende ist die Mehrheit der schwarzen Südafrikaner immer noch arm, besitzlos und benachteiligt. […] Der Hauptgrund ist, dass die neue schwarze Führungselite Südafrikas nie eine klare politische Strategie hatte. Sie ist zu einer räuberischen Herrschaftsklasse degeneriert, die sich selbst bereichert. […] Afrikanische Machteliten sind seit präkolonialen Zeiten unfähig, die Potenziale des Kontinents freizusetzen […]. So lässt sich der Anteil der Afrikaner am Sklavenhandel erklären: Du ziehst Gewinn aus dem Geschäft mit Menschenware und wirst gleichzeitig ein Problem los" (Mbembe 2017).

Was jedoch interessantester erscheint als das narrative *morality play* um eine räuberische Herrschaftselite, findet es auch dezidiert im postkolonialen Kontext neoliberaler Kommodifikation statt, ist gerade eine Ästhetik des metropolitanen Überflusses, die *Con Game* spezifische Signifikanz verleiht. Die Produktion beginnt bereits mit einer der aufregendsten Eröffnungssequenzen in der jüngeren Geschichte: Chilis wahre Identität wird enthüllt, der verdeckte Ermittler ist an einen Stuhl gefesselt und steht kurz davor gefoltert und getötet zu werden. Sein uniformierter Partner kommt zur Hilfe, jedoch hat er keine Waffe zur Verfügung, da seine sich im Laden zur Reparatur befindet – in der narrativen Konstruktion sind die Polizisten tatsächlich so unterbezahlt, dass sie sich nicht einmal eine Ersatzwaffe leisten können.

Abb. 1   *Con Game* (Südafrika 2013, DVD Indigenious)

Abb. 2 *Con Game* (Südafrika 2013, DVD Indigenious)

Abb. 3 *Con Game* (Südafrika 2013, DVD Indigenious)

Nur im Besitz eines Handys, das es ihm erlaubt mit Chili zu kommunizieren, nicht aber Unterstützung anzufordern, versucht Shoes den Partner durch das Labyrinth der Township-Hütten und eine Armada von Gangstern mit automatischen Waffen zu lotsen, während um Chili ein Inferno der Bandengewalt hereinbricht.

In *Con Game* geht es vor allem um den Rausch des Audiovisuellen. Die völlige Investition der Produktion in Spektakularität neigt dazu, jede narrative Integration aufzuschieben, während ihre Ästhetik des metropolitanen Überflusses zu allererst einer Logik des Exzesses folgt. Es gibt in erster Linie einen ästhetischen Sinn, d. h. einen, der im Erscheinen jegliche Erklärung abzulehnen versucht. Hauptreferenzpunkt und primäres diskursives Objekt von *Con Game* sind nicht durch eine Codierung des Abwesenden determiniert, als Paradigma der afrikanischen Ästhetik des Überflusses zielt die Produktion vielmehr auf das Darstellen von audiovisuellen Konfigurationen des Urbanen als Ereignis ab. Ihre Bilder und Töne sind performative Entitäten, und ihre Performanz als Ereignis führt ein Zerschmettern der narrativen Kontinuität herbei, die wiederum eine Konzentration auf die metropolitane Ästhetik des Überflusses garantiert. Diese Ästhetik des Überflusses bringt das Narrativ im Township von Johannesburg zum Stillstand, und sie zwingt die Erzählung dazu, als eine Assemblage von Materialitäten gelesen zu werden, die in ihrer Qualität als Sensation aus deterritorialisierten Signifkanten, d. h. nicht fixierten Bildern und Tönen besteht. Letztere entwickeln eine Dringlichkeit der Intensität, die über Kognition und Reflexion hinausgeht. Die Konfiguration der Audiovisualität in *Con Game* folgt demnach einer Logik, die Gilles Deleuze und Félix Guattari als *Ebenen der Immanenz* bezeichnet haben:

> „Es gibt nur Verhältnisse von Bewegung und Ruhe, von Schnelligkeit und Langsamkeit zwischen ungeformten, zumindest relativ ungeformten Elementen, Molekülen und Teilchen aller Art. Es

gibt nur Diesheiten, Affekte, Individuationen ohne Subjekt, die
kollektive Gefüge bilden" (Deleuze und Guattari 1992, S. 362).

Anstatt einem vorausgehenden narrativen Konstrukt zu dienen,
funktionieren die audiovisuellen Assemblagen der Ästhetik des
metropolitanen Überflusses autonom. Sie konstituieren sich aus
dichter Materialität, die nie ein traditionelles Ganzes aus Kontinuität und Kohärenz bildet, sondern immer das singuläre Element
referiert, selbst und gerade auch dann, wenn die verheerende Kri-
minalitätswelle der Stadt in stilisierte Kompositionen aus Bildern
und Tönen transformiert wird. Die Ästhetik des Überflusses in
Con Game bildet mithin keinerlei organische Totalität des Stils
und des Narrativs, sie lässt vielmehr alle narrativen Elemente
als Überschuss spektakulärer Intensität erscheinen. Bilder und
Töne gehen auf im Rausch der metropolitanen Szenarien und
bieten nichts so sehr an wie die Lust der Sensation: die ostentative
Intensität urbaner Energie und das emphatische Wirken einer
metropolitanen Ästhetik des Überflusses.

Ganz ähnlich der atemberaubenden Eröffnungssequenz der
Produktion wird *Con Game* durchweg von einer spatialen Obses-
sion des Räumlichen charakterisiert, die stets urbaner Geographie
gewidmet ist. Etwa wird der titelgebende Raubüberfall, welcher
auf einen Bargeldlaster von Limpopo nach Johannesburg erfolgt,
sogar mit Miniaturmodellen vorinszeniert, bevor er dann schlussendlich auf der eigentlichen Schnellstraße zwischen Kwamhlang
und Kwaggafontein tatsächlich stattfindet.

Abb. 4 *Con Game* (Südafrika 2013, DVD Indigenious)

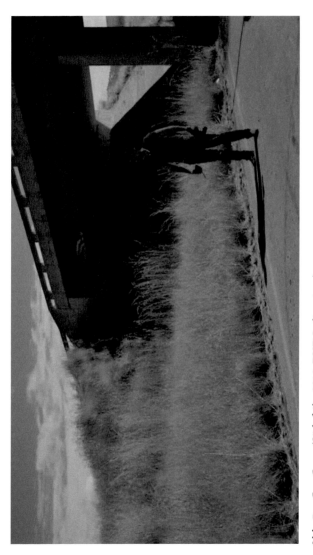

Abb. 5 *Con Game* (Südafrika 2013, DVD Indigenious)

Abb. 6 *Con Game* (Südafrika 2013, DVD Indigenious)

Abb. 7 *Con Game* (Südafrika 2013, DVD Indigenious)

Immer legt *Con Game* einen speziellen Schwerpunkt auf eine genaue
Präsentation des urbanen Setting. Größtes Anliegen der Produktion
ist es, ihr Publikum durch den Raum zu führen, auf eine Art und
Weise, die sowohl angespannt als auch aufregend zur gleichen Zeit
ist. Oft zeigt sich die Kameraarbeit betont unruhig, indem sie den
Blick durch Barrieren bricht oder aber langsam um Hindernisse im
Weg der Protagonisten herum ihrer Spur folgt. Um es in anderen
Worten zu sagen: Es ist die Kamera selbst, die in *Con Game* zu
einer eigenen Agentur mit Handlungsmacht wird. Im Gegensatz
zur gestylten postmodernen Ästhetik des globalen Nordens, mit
all ihrem Augenmerk auf exquisite Architektur und dekorative
Innenräume, ist *Con Game* von der Kehrseite des Wohlstandes
in metropolitanem Reichtum geprägt, gleichwohl präsentiert sich
die Produktion dennoch als von einem emphatischen Willen zur
Stilisierung gekennzeichnet. Ihre Ästhetik des metropolitanen
Überflusses zeigt sich nicht an einem unaufdringlichen Realismus
interessiert; in der Tat lehnen die überaus artifiziellen Mittel der
Erzählung jegliche Art von Transparenz ab. Auf der Ebene des Ein-
zelbildes ist das Sichtbare meist so komponiert, dass es in extremen
Nahaufnahmen Chilis Haut fokussiert und damit betont, wie er
wieder und wieder schier unmögliche Situationen wortwörtlich
ausschwitzt, während die Rinnsale des Schweißes ständig nur so
sein Gesicht, seinen Hals und seine Arme herunterfließen.

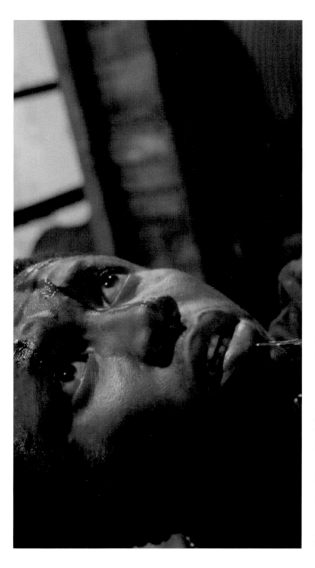

Abb. 8   *Con Game* (Südafrika 2013, DVD Indigenious)

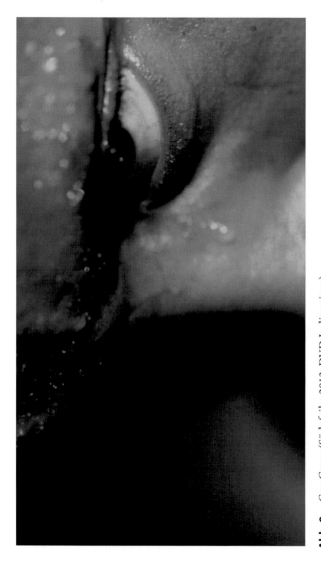

Abb. 9   *Con Game* (Südafrika 2013, DVD Indigenious)

Der narrativen Logik vorgängig, liegt das Interesse der metropoli-tanen Ästhetik des Überflusses hier abermals darin, audiovisuelle Assemblagen der Dringlichkeit zu erzeugen, die weniger eine dramaturgische Bedeutung als ein performatives Anliegen haben. Nur grob narrative Motivationen offerierend und manchmal eine intelligible Erzählstruktur komplett aufgebend, schwelgt *Con Game* in opaker Audiovisualität, die nicht dazu gedacht ist, eine Geschichte zu entwickeln. Anstatt an einer klassischen Dramatur-gie und Figurenpsychologie orientiert zu sein, geht *Con Game* in einem Rausch an Intensität auf, der von ekstatischer *Materialität ihrer Medialität* gekennzeichnet ist. Im Abschaffen der Dichotomie von Oberfläche und Tiefe verleiht die metropolitane Ästhetik des Überflusses dem audiovisuellen Material eine Atmosphäre der Hysterie, die letztlich alle ihre Schichten durchdringt. Konträr zur phänomenologischen Annahme einer Subjektivierung von Wahrnehmung scheint es ihr vielmehr darum zu gehen, das Subjekt „aus seiner Verankerung ebenso [zu befreien] wie von der Horizontgebundenheit seiner Sicht der Welt, indem […] die Bedingungen der natürlichen Wahrnehmung durch ein implizites Wissen und eine zweite Intentionalität ersetzt [wird]" (Deleuze 1989, S. 85). Die Ästhetik des Überflusses sprengt Ordnungen der Subjektivität und jede Kommensurabilität der Erfahrung auf. Das von ihr entfesselte Potential an Kräften legt ästhetische Schichten frei, die sich vom Primat des Ichs gelöst haben. Sie sind Entitäten, die „durch sich selbst gelten und über alles Erleben hinausreichen" (Deleuze und Guattari 1996, S. 192). In der Ästhetik des Überflus-ses geht es um Intensitäten, welche Welt durchlaufen, ohne dabei jemals Teil subjektiver Erfahrung zu werden.

Im Gegensatz zu traditionellen Kriminalerzählungen, aber nicht zuletzt auch den Klassikern des sogenannten afrikanischen Kinos (Sembène, Hondo, Cissé), ist *Con Game* überhaupt nicht an Psy-chologisierung interessiert. Extrem hohe Schnittfrequenz, ständig

mobilisierte Zoomobjektive, ein pulsierend tickender Elektrobeat
als Soundtrack und vor allem komplett rastlose Kamerabewegungen
durch den urbanen Handlungsort, sie alle laden dazu ein, die Sensation der Bilder und des Tons als Materialitäten zu erfahren. *Con
Game* bietet audiovisuelles Material als radikale Immanenz an. Die
Produktion forciert ein Konzept der Erstheit, d. h. der Bedeutungs-
konstitution ohne Befriedigung psychologischer Interpretation.
Wie Gilles Deleuze unter Rekurs auf Peirce in seiner Arbeit zum
Zeit-Bild erklärt, ist Erstheit nicht eine Empfindung, ein Gefühl
oder eine Idee, sondern vielmehr die Qualität einer möglichen
Empfindung, eines Gefühls oder einer Idee. Erstheit meint somit
eine Kategorie des Möglichen, die das Mögliche ausdrückt, ohne es
zu verwirklichen. Mit der Erstheit als dem primären Moment, das
agiert, noch bevor Psychologie auf die teilende Verschiebung von
Bedeutung durch Signifikation wirken kann, verwirft die Erstheit
von *Con Game* Psychologie ebenso wie narrative Schließung. Auch
wenn die Produktion sich immer noch in der Zeit entfalten und
eine Geschichte darlegen muss, zählt nicht so sehr das Narrativ für
sich. Was aber als das Eigentliche zählt, das ist die Substanz der
Bilder und Töne selbst, in genau ihrer Medialität der Materialität.
Bewegung ist Zeit unterworfen in einer wahrhaft Deleuze'schen
Bewegung des Werdens:

> „das Vorher und Nachher betreffen nun nicht mehr die äußere
> empirische Sukzession, sondern die innere Qualität des in der Zeit
> Werdenden. Das Werden kann in der Tat als dasjenige bestimmt
> werden, was eine empirische Folge in eine Serie – ein Hervorspru-
> deln von Serien – transformiert" (Deleuze 1991, S. 351).

Con Game richtet sich mithin nach intrinsischen Qualitäten des
audiovisuellen Materials aus. Der Rausch der Ereignisse entwickelt
eine Serie an Intensitäten, deren Ästhetik des metropolitanen
Überflusses einen Austausch zwischen Leinwand und Publikum

anregt, in dem stets eine intuitive Beziehung des Rausches zur Sensation privilegiert ist. Beständig attackiert sie das Sensorium des Publikums, ohne notwendigerweise die Schranke semiotischer Signifikation, d. h. den Zwang zur Sinnstiftung zu respektieren, für deren Funktionalität immer ein Aufschub an Bedeutung garantiert sein muss, welcher das Publikum vom audiovisuellen Material trennt.

Analog zur erinnerungswürdigen Eröffnungssequenz von *Con Game* erweist sich das Ende der Produktion nachgerade programmatisch in seiner Ästhetik des metropolitanen Überflusses. Der gut halbstündige Showdown zeigt, in einer eleganten Spiegelung der Anfangssequenz, wie Chili und Shoes mit Handsprechfunkgeräten in einer verlassenen Fabrik von Soweto kommunizieren, die als Versteck nach dem Raubüberfall dient, während beide Polizisten versuchen unter schwerem Beschuss ihren Weg hinaus zu finden. Erneut ist die Geographie des postindustriellen Ortes signifikant betont in einer komplexen Inszenierung aller gegnerischen Parteien, die sich am *New Black Cinema* und dabei insbesondere der *Medialität der Evidenz* von Walter Hills *Trespass* (1992), aber auch früheren Arbeiten von Hill – wie *The Warriors* (1979), *48 Hrs.* (1982) und *Red Heat* (1988) – orientiert (siehe ausführlich dazu Ritzer 2009, Ritzer 2015a, Ritzer 2016a, Ritzer 2016f, Ritzer 2018b).

Abb. 10 *The Warriors* (USA 1978, DVD Paramount)

Abb. 11 *48 Hrs.* (USA 1982, DVD Paramount)

Abb. 12 *Red Heat* (USA 1988, DVD Lionsgate)

Abb. 13   *Trespass* (USA 1992, DVD Universal)

Oberstes Primat besitzt mithin entsprechend auch hier stets eine zu jeder Zeit nachvollziehbare Platzierung der Figuren im urbanen Raum. Augenmerk gilt ganz der Ordnung des Materials als eine Mise-en-scène von Differenz und Wiederholung (siehe ausführlich dazu Ritzer 2017b). *Con Game* steht dabei in der Tradition ästhetischer Intensität, die ihre Zuschauersubjekte mit höchster Konzentration durch den medialen Raum führt, selbst wenn das Ziel der Mise-en-scène eine Evokation der chaotischen Atmosphäre inmitten unüberschaubarer Aktion darstellt. Nie wird die inszenierte Konfusion zu einer Konfusion der Inszenierung, und dennoch bleibt das Augenmerk radikal auf eine *Mise-en-scène von Intensitäten* gerichtet. Durch eine radikale Mobilisierung von Bild und Ton sind alle Referenzen zu diskursiven Kontexten jenseits des medialen Körpers der Bilder und Töne selbst suspendiert. Die Ästhetik des Überflusses schafft effektive Bewegungsbilder, denen es allein auf Rhythmus und Bewegung, Tempo und Texturen ankommt. Die Aufmerksamkeit wendet sich hier den ephemeren Details und den flüchtigen Momenten zu, der Fokus liegt immer stärker auf einzelnen Augenblicken, im Kleinen, als auf der Schlüssigkeit des Ganzen, im Großen. So beginnen die Bilder zu zirkulieren, rascher und rascher, denn sie besitzen nicht länger ein Zentrum. *Con Game* demonstriert mithin das Moment der Utopie nicht-referentieller Zeichen: die Dynamik an sich, der ewige Wandel, die nie ruhende Erscheinung der Dinge. Zugleich auch die Materialität der Farben, die Kraft der Erscheinungen, die Intensität des Affekts. Wie sich Körper und ihre Formen ineinander schieben, sich verdecken und den Blick schließlich wieder freigeben, um sich schon wieder aufs Neue zu überlagern, daran entzündet sich *Con Game*: an Zeichen, die sich ihrer Basis entziehen, die zeigen und immer nur auf das Gezeigte verweisen. So entsteht, im Sinne von Michel Foucault und Gilles Deleuze, ein nicht-referentielles Drama: „wo sich die Szenen nicht kennen und Zeichen verwerfen und wo

Masken, anstatt zu repräsentieren (darzustellen, nachzuahmen), tanzen, wo Körper schreiben und Hände und Füße gestikulieren" (Deleuze und Foucault 1977, S. 28). Die mediale Performanz der Aktion selbst wird mithin zum eigentlichen Kern der Bilder und Töne, die von der Ebene des Dargestellten auf die Ebene der Darstellung selbst eleviert ist.

Das Ausschließen symbolisch-symptomatischer Lektüreprotokolle führt zu einer beispiellosen Intensivierung der Ästhetik des metropolitanen Überflusses. *Con Game* verzichtet auf Repräsentation zu Gunsten von Präsenz und hebt Imagination statt Imitation hervor. Die audiovisuellen Beschaffenheiten weisen nicht vorrangig über die Leinwand hinaus; sie wollen für nichts außer für sich selbst stehen. Während Repräsentation stets Handlung zeigt und diese Handlungen mit Bedeutung auflädt, schafft die Ästhetik des Überflusses scheinbar überflüssige Energien außerhalb der Handlung selbst. Repräsentation ist zentral für konventionelle Narrative, weil sie erst den Zuschauersubjekten zeigt, was auf der Leinwand passiert, und dieses Geschehen dann mit der Produktion einer holistischen dramaturgischen Struktur verknüpft. Jedoch kommt die Ästhetik des metropolitanen Überflusses konträr dazu in Widerspruch mit der Forderung nach narrativem Zusammenhang zur Geltung. In einer Deleuze'schen Weise schaffen audiovisuelle Konfigurationen eine „formbare Masse" der Bilder und Töne, die von der Materialität des Audiovisuellen gesättigt ist. Bild und Ton artikulieren den metropolitanen Schauplatz als Attraktion, und ihre Atmosphäre der Intensität gibt eine Verschiebung nach symbolischer Bedeutung zur Interpretation preis. Sie stehen für nichts in ihrer ersten Instanz, nur in ihrer Sichtbar- und Hörbarkeit. Diese Ästhetik kann mehr als ein physiologischer denn ein phänomenologischer Ansatz gelten, nicht so sehr ontologisch, dafür aber *performativ* orientiert. Mithin funktioniert die Ästhetik des metropolitanen Überflusses keineswegs als ein Ausdruck von Subjektivität; eher ist jede Subjektivität ein Effekt dieser ihrer ästhetischen Intensität. Über die Kontrolle narrativer Integration hinaus bietet die entfesselte Kraft der materiellen Sensualität der Bilder und des Tons ein Moment der Attraktion. Es generiert eine audiovisuelle Erfahrung von autonomer Spektakularität und evokativer Opazität. In diesem Sinne ist *Con Game* nichts mehr, aber auch nichts weniger als ein Thriller, der nur um des Thrills willen produziert worden ist.

Der sich in der Ästhetik des Überflusses realisierende Thrill korreliert mit einigen Denkfiguren, wie sie sich in Kwame Appiahs *In My Father's House: Africa in the Philosophy of Culture* mit seiner Diskussion der postkolonialen Literatur Afrikas finden. Ästhetische Formen, so der ghanaische Philosoph, bergen durchaus das Potential afrikanische Probleme zu diskursivieren, auch wenn sie aus dem globalen Norden stammen. Für Appiah kann die Kategorie der sogenannten afrikanischen Literatur nützlich sein, wenn sie sich auf die Überwindung kollektiver Probleme bezieht, etwa den Übergang von der Tradition zur Moderne oder der Moderne in die Postmoderne. Jedoch unterscheidet Appiah zwischen verschiedenen Arten des afrikanischen Schreibens. Indem er die Stadien in der Evolution des afrikanischen Romans umreißt, macht er klar, dass der Realismus als Ästhetik, selbst wenn er ein unausweichliches Stadium in der Entwicklung von postkolonialer Literatur indigener Autor*innen darstellen mag, eben nur das sein kann: ein Stadium. Die realistische Ästhetik der ersten Phase, etwa bei Chinua Achebe und Camara Laye, artikuliert eine Sehnsucht nach einer vermeintlich unschuldigen Vergangenheit vor jedem kolonialen Eingriff. Realistische Romane wie *Things Fall Apart* (1958) oder *L'enfant noir* (1953) werden von Appiah als antikolonial und nationalistisch definiert, charakterisiert von der imaginierten Wiederherstellung einer idealisierten Vergangenheit, die von der realistischen Legitimation des Nationalismus beschränkt wird. Appiah versteht ästhetischen Realismus mithin als fatale Einschreibung von nativem Essentialismus in die postkoloniale Nation. Darauf folgt für Appiah ein zweites Stadium des Postrealismus, durch Yambo Ouologuems *Le Devoir de violence* (1968) beispielhaft verkörpert, das eine fundamentale Herausforderung für Romane aus dem ersten Stadium repräsentiert. Die Ästhetik des zweiten Stadiums ist eine der Delegitimierung, indem sie nicht nur die Hegemonie des globalen Nordens ablehnt, sondern auch das nationalistische Projekt der postkolonialen nationalen Bourgeoisien attackiert:

> „The national bourgeoisie that took the baton of rationalization, industrialization, and bureaucratization in the name of nationalism, turned out to be a kleptocracy. Their enthusiasm for nativism was a rationalization of their urge to keep the national bourgeoisies of other nations, and particularly the powerful industrialized nations, out of their way" (Appiah 1992, S. 150).

Für Appiah muss ein wirklich postkoloniales Schreiben postrealistisch werden, wenn es nicht die strukturellen Hierarchien des Kolonialismus auf der einen Seite bekräftigen und auf der anderen Seite die faktische Unterdrückung der Menschen durch native afrikanische Eliten aufrechterhalten will. Appiahs Konzept einer postkolonialen Ästhetik zielt nicht länger ab auf das Entwaffnen kolonialer Fiktionen, sondern adressiert stattdessen vielmehr die Erfindung neuer Formen *kosmopolitischer Multiplizität*, die über nativistische Ideen von postkolonialer nationaler Einheit und Identität hinaus gehen: „they reject not only the Western imperium but also the nationalist project of the postcolonial national bourgeoisie", in „an appeal to a certain simple respect for human suffering, a fundamental revolt against the endless misery of the last thirty years" (Appiah 1992, S. 152).

Just dieser Respekt erfordert für Appiah notwendigerweise postrealistische Ästhetiken. In seinem Ansatz sind also die regressiven Konzepte von Nationalismus, Nativismus und Realismus auf der einen Seite den progressiven Konzepten von Kosmopolitanismus, Postkolonialismus und Poesie gegenüber gestellt. Letztere vermögen Alteritäten zu erkennen in einer globalisierten Welt, in welcher notwendigerweise als zentrale Herausforderung gilt, „Formen der Differenz aus[zu]loten und uns zugleich an sie [zu] gewöhnen" (Appiah 2007, S. 113). Diese Differenz aber meint gerade keine nativistische Schließung als vielmehr eine Öffnung ins Kosmopolitische. Appiahs Kant-Kritik läuft mithin hinaus auf ein Anerkennen von Ungleichheiten und Ungleichzeitigkeit, durch welches sich das Ideal des Weltbürgertums realisiert. Dabei bildet eine postrealistische Ästhetik die korrespondierende kulturelle Strategie, mit der Neokolonialismus wie Afrozentrismus, westliche Dominanz und regressiver Nationalismus gleichermaßen attackiert wie überwunden werden.

Mit Appiah ist eine Ästhetik des Überflusses sicherlich eine Ästhetik des poetischen Postrealismus. Zugleich konfiguriert sie eine spezifisch postkoloniale Ästhetik: als eine Rückkehr des Verdrängten, im Sinne hysterischer Verzerrung postkolonialen Realismus und dessen instabilem Gleichgewicht transparenter Repräsentation. Dagegen forciert die Ästhetik des metropolitanen Überflusses eine Erfahrung von materiellen Signifikanten diesseits der Normen jeglicher Transparenz. In ihr, so lässt sich mit Félix Guattaris Anmerkungen zur *Mikro-Politik des Wunsches* sagen, manifestiert

> „sich das Unbewußte von semiotischen Anordnungen aus, die nicht auf eine syntagmatische Verkettung reduzierbar sind, die es mechanisch disziplinieren und gemäß strengstens formalisierten Ausdrucks- und Inhaltsplänen strukturieren würde. Es besteht aus asignifikativen semiotischen Kettengliedern, aus Intensitäten, aus

einer Bewegung, einer Vielheit, die grundsätzlich dazu tendiert, der signifikanten Vernetzung zu entgehen" (Guattari 1977, S. 90).

Die Ästhetik des metropolitanen Überflusses liegt mithin nicht länger in Identitätspolitik begründet und fundiert auf keinem fixierten Subjekt. Stattdessen generiert die Ästhetik des Überflusses eine Fluchtlinie aus den Einschränkungen mimetischer Repräsentation und der Selbstverhaftung klassischer Konventionen der Psychologie. Um mit Deleuze und Guattari zu sprechen, geht es hier um eine Logik der Intensität, es geht darum im Werden zu sein:

> „die Bewegung vollführen, die Fluchtlinie trassieren, eine Schwelle überschreiten, vordringen zu einem Kontinuum aus Intensitäten, die nur noch für sich selber Geltung haben, eine Welt aus reinen Intensitäten finden, wo alle Formen sich auflösen, alle Bedeutungen, Signifikanten und Signifikate, um lediglich ungeformte Materie, deterritorialisierte Ströme, asignifikante Zeichen übrig zu lassen" (Deleuze und Guattari 1976, S. 20).

Diese Ästhetik des Überflusses artikuliert eine Dominanz des Zeichens über den Referenten, so dass sich eine Umkehr mimetischer Kodes der Repräsentation ereignet. Sie initiiert das Spiel einer syntagmatischen Kette der Destabilisierung, die nicht nur die Materialität ihrer Konstruktion in den Vordergrund rückt, sondern auch jede klare Trennung von Unterdrückern und Unterdrückten aufhebt. Ihre ästhetische Differenz erscheint als eigendynamische Agentur audiovisueller Assemblagen. In diesem Sinne formt sie Instanzen des Denkens und Handelns, das heißt, sie bleibt stets irreduzible Intervention, die eben als Denk- und Handlungszusammenhang zu wirken vermag. Diese basale Nicht-Reduzierbarkeit der medialen Erscheinung, sowohl im Hinblick auf ihre diskursiven Rahmungen als auch theoretischen Implikationen, offeriert eine Perspektive jenseits fixer Polaritäten, die Ästhetik permanent als im Werden begriffen denkt, das im Sinne von Deleuze gerade durch Paradoxa konstituiert wird. Indem sie sich „dem Gegenwärtigen zu entziehen" verstehen, verträgt die Ästhetik des Überflusses „weder die Trennung noch die Unterscheidung von Vorher und Nachher, von Vergangenem und Künftigem". Als ein Werden geht es ihr stattdessen vielmehr stets darum, „in beide Richtungen gleichzeitig […] zu streben" (Deleuze 1993, S. 15). Als Agenturen eigenen Rechts stellen Bilder und Töne nicht nur dar, sie konsituieren sich selbst eben *in* Bildern und Tönen. Der Ästhetik des Überflusses ist es so um eine nomadische Konzeption von Audiovisualität zu tun, die im stets dynamischen, unabschließbaren und transformativen Prozess des Werdens und seiner permanenten Veränderung aufgeht, ohne ein fixiertes Sein auszubilden. Eben dadurch besetzt sie einen produktiven Raum zwischen den Gegensätzen und lässt *Differenzen jenseits von Dualismen und Dichotomien* denkbar werden.

Beeinflusst von Deleuze, hat Achille Mbembe auf ähnliche Weise für ein Denken des Dazwischen plädiert. Wie auch Kwame Appiah erteilt er allen essentialistischen Postulaten nativistischer Bewegungen eine klare Absage. Mbembe zeigt zum einen, dass Afrika niemals ein homogener Kontinent gewesen ist:

> „Vielmehr waren bereits die präkolonialen afrikanischen Gesellschaften von Anfang an dadurch gekennzeichnet, dass die Menschen innerhalb des gesamten Kontinents permanent in Bewegung waren. Die Geschichte Afrikas ist eine Geschichte von aufeinanderprallenden Kulturen, geprägt vom Mahlstrom der Kriege, von Invasionen, Migrationen, Mischehen, von Glaubenslehren, die man sich zu eigen macht, von Techniken, die man austauscht, von Waren, mit denen man Handel treibt. Die Kulturgeschichte des Kontinents ist ohne das Paradigma des Umherziehens, der Mobilität und der Ortsveränderung kaum zu verstehen" (Mbembe 2015, S. 332).

Zum anderen stellt Mbembe dem autochthonen Nativismus eine neue Form afrikanischer Kultur gegenüber, die sich gerade durch ihre Differenzialität im Unterschied definiert und von ihm *Afropolitanismus* genannt wird:

> „Alles in allem hat unsere Art, die Welt zu bewohnen, immer unter
> dem Zeichen, wenn nicht der kulturellen ‚Hybridisierung', so doch
> zumindest einer ‚Verfugung' der verschiedenen Welten gestanden
> – in einem langsamen, manchmal inkohärenten Tanz, dessen Aus
> formungen wir zwar nicht selbst haben frei wählen können, die wir
> jedoch mehr recht als schlecht in den Griff bekommen haben und
> uns dienstbar machen konnten. Das Wissen um diese Verfugung
> des Hier mit dem Anderswo, das Wissen um die Gegenwart des
> Anderswo im Hier – und umgekehrt –, diese Relativierung der ur
> sprünglichen Wurzeln und Zugehörigkeiten, diese Art, absichtsvoll
> das Fremde, den Fremden und das Ferne anzunehmen, diese Fähig
> keit, sein eigenes Gesicht in dem des Fremden wiederzuerkennen,
> die Spuren des Fernen in der nächsten Umgebung zu würdigen,
> sich Unvertrautes zu eigen zu machen und mit dem zu arbeiten,
> was gemeinhin als Gegensatz erscheint – eine derartige kulturelle,
> historische und ästhetische Empfindsamkeit ist gemeint, wenn man
> den Begriff ‚Afropolitanismus' gebraucht" (Mbembe 2015, S. 333f.).

Das, was Mbembe als Afropolitanismus fasst, differiert mithin
stark von vorangegangen Strömungen afrikanischer Kulturpolitik. Er lässt sich weder als antikolonialer Panafrikanismus noch
als antirassistische Négritude fassen. Vielmehr kontrastiert der
Afropolitanismus die Negativität von Panafrikanismus und Négritude durch eine *affirmative Kritik*, die jeglichen nativistischen
Opferkult und dessen Viktimologie ablehnt. Afropolitanismus,
so Mbembe, ist

> „eine Stilistik, eine Ästhetik und eine gewisse Poetik der Welt: ein
> In-der-Welt-Sein, das aus Prinzip jegliche Form der Opferidentität
> ablehnt – auch wenn wir deshalb die Ungerechtigkeiten sowie die
> Gewalt, die unser Kontinent und seine Menschen durch den von
> der Weltgeschichte aufgezwungenen Lauf der Zeit erlitten haben,
> durchaus nicht ignorieren" (Mbembe 2015, S. 335).

Während Mbembe den Afropolitanismus bei Künstler*, Musiker* und Komponist*, Schriftsteller*, Dichter* und Maler*innen, kurzum: „bei jenen Geistesarbeitern, die in der postkolonialen Finsternis Wache halten", situiert, ist dessen Kultur aber auch konkret lokalisiert. Erneut nimmt die globale Stadt hier eine Schlüsselrolle ein, und abermals erscheint Johannesburg als ihre afrikanische Metropole:

> „Das Zentrum des Afropolitanismus par excellence ist heutzutage das südafrikanische Johannesburg. In dieser auf den Schleifstein einer gewalttätigen Geschichte gedrückten Stadt entsteht derzeit eine völlig unbekannte, neuartige afrikanische Moderne, die mit dem bis dato Gesehenen kaum etwas gemein hat. Sie speist sich aus einer Vielfalt der Rassen und ihres kulturellen Erbes, einer energievollen Wirtschaft und einer liberalen Demokratie; der Konsum, dem hier gefrönt wird, ist direkt Teil des globalen Warenflusses" (Mbembe 2015, S. 336).

Es ist exakt an diesem Punkt, wo erneut eine Ästhetik des Überflusses ihre Effekte zeitigen kann. Sie installiert Diskontinuität und Flüchtigkeit als zentrale Momente des metropolitanen Erscheinens, das die bloße Funktionalität subjektiver Aneignung radikal umgestaltet.

Mit Deleuze und Guattari wäre die afrikanische Ästhetik des metropolitanen Überflusses als Teil einer kleinen oder *minoritären Form* ästhetischer Produktivität zu sehen. Diese, bei Deleuze und Guattari noch literarisch bestimmte, Ästhetik steht dem Diskurs der dominanten Kultur oppositionell gegenüber, sie ist „nicht die Literatur einer kleinen Sprache, sondern die einer Minderheit, die sich einer großen Sprache bedient". Für Deleuze und Guattari zeigt sich analog zu Mbembe in ihr „ein starker Deterritorialisierungskoeffizient", der dem sie generierenden System eine Absage erteilt und „zwangsläufig mit der Ordnung der Dinge im Bruch sein wird". Ihr Ausdruck, so Deleuze und Guattari, muss „die Formen

zerbrechen, die Bruchstellen und neue Verzweigungen angeben"
(Deleuze und Guattari 1976, S. 40). Was hier als Ausdrucksform
der minoritären Ästhetik firmiert, lässt sich, übertragen auf die
audiovisuellen Medien, durchaus als Ästhetik des metropolitanen
Überflusses bezeichnen. Sie stiftet Intensitäten, analog dazu wie
sprachlich-figurative Codes den ästhetischen Wert literarischer
Arbeiten bestimmen. Dabei werden Inhalte keineswegs nur von
einem Ausdruck repräsentiert, reflektiert oder referiert, vielmehr
interveniert der Ausdruck stets im Inhalt. Die Ästhetik des Überflusses, verstanden als solche Ausdrucksform, operiert kreativ,
d. h. ihr ist gewiss, dass

> „die Zeichen die Dinge selber bearbeiten, während die Dinge sich
> gleichzeitig durch die Zeichen ausweiten und ausbreiten. Ein Äu-
> ßerungsgefüge spricht nicht ‚von' den Dingen, sondern es spricht
> auf derselben Ebene wie die Zustände der Dinge oder die Zustände
> des Inhalts" (Deleuze und Guattari 1992, S. 122).

Es ist für Deleuze und Guattari gerade die minoritäre Ästhetik,
deren besondere Qualität es darstellt, den Ausdruck vor dem Inhalt
zu privilegieren und ihn mit sich zu reißen. In diesem Sinne lässt
sich die Ästhetik des metropolitanen Überflusses tatsächlich als
Instanz konstitutiver Singularität und Offenheit perspektivieren.
Sie arbeitet an einem Weg aus der Repräsentation. Sie erscheint
als Kraft der Fragmentation, die keine absolute Gegensätzlich-
keit der Subjekt-Objekt-Relation kennt und im audiovisuellen
Thrill der Ästhetik des Überflusses nur Ereignisse der Intensität
schaffen will. Diese resultieren aus ihrem Potenzial, alle Sinnstiftung zu überschreiten: in einem Rhizom des Rausches. So wie
Johannesburg und die afrikanische Metropole ein Ort schärfster
Gegensätze sind, versucht *Con Game* diese Qualität auf Bildschirm
und Leinwand zu transponieren. Eine Ästhetik des metropolitanen Überflusses entsteht dort aus betont artifiziell arrangiertem

audiovisuellen Material, das allen postkolonialen Realismus und seine psychologisierende Bändigung der materiellen Energie des Signifikanten desavouiert. Sie ließe sich mit Félix Guattari mithin als ein *dissidenter Vektor* bezeichnen, dessen Audiovisualitäten sich seiner Funktionen des Bezeichnens und Bedeutens entledigt haben, um allein als „entkörperlichte existentielle Materialien tätig zu sein" (Guattari 1994, S. 39). Deshalb auch ist die Ästhetik des Überflusses in einer Ökonomie libidinösen Begehrens diesseits von Ödipus situiert, die keine kolonialen Dichotomien kennen kann.

Transnationale Strömungen und globale Medienlandschaften: Von den Martial Arts zur deterritorialisierten Appropriation

In diesem Kapitel wird Martial Arts als ein Paradigma medienkultureller Globalisierung reflektiert, wobei sich ein Fokus auf transnationale Zirkulationen von Bildern im globalen Süden ergibt. Es geht hier nicht zuletzt auch um Situierung einer neu entflammten Diskussion um die transnationale Qualität globalisierter Medienlandschaften. Mit Publikationen wie den Sammelbänden *Multiculturalism, Postcoloniality and Transnational Media* (2003), *Transnational Cinema: The Film Reader* (2006) oder *World Cinemas: Transnational Perspectives* (2009) ist in jüngerer Zeit mithin eine neue Konjunktur in der Debatte zu konstatieren. Anknüpfend an diese Debatten, sollen globalisierte Medienlandschaften nicht einfach als möglichst inklusive Konzeption verschiedener Nationalsysteme begriffen werden, da ein solcher Ansatz notwendigerweise den traditionellen Kategorien konventioneller Historiografien verhaftet bleiben muss, deren enzyklopädischer Impetus jede diskursive Dimension verfehlen muss. Stattdessen soll die Kategorie der transnationalen Medienlandschaft stark gemacht werden als moderierende Einlassung, die mediale Objekte jenseits des dominanten europäischen Paradigmas adressiert und dabei

© Springer Fachmedien Wiesbaden GmbH, ein Teil von Springer Nature 2018   85
I. Ritzer, *Medientheorie der Globalisierung*, Medienwissenschaft: Einführungen
kompakt, https://doi.org/10.1007/978-3-658-19782-7_4

auch das US-amerikanische Kino provinzialisiert. Die Perspektivierung regionaler Medienkulturen aus Afrika und Asien, mithin
kinematografischer Traditionen des globalen Südens vis-à-vis der
Hegemonie des globalen Nordens, relativiert den Fokus auf die im
(neo)kolonialen Diskurs als Peripherien der Zentren von USA und
Westeuropa marginalisierten Medienlandschaften durch eine Perspektive auf transnationale Verflechtungen, die nicht mehr länger
nur den globalen Norden als negative Kontrastfolie privilegiert.

Wie Lúcia Nagib eindrücklich aufgezeigt hat, muss jede Re-
duktion nicht-westlicher Medienkulturen zum großen Anderen
des globalen Nordens gleichsam zwangsläufig auf eine abermalige
Viktimisierung des globalen Südens hinauslaufen, der in einer
ewigen epistemologischen Abhängigkeit vom westlichen Diskurs
gefangen bleibt. Nagib plädiert daher am Beispiel des Weltkinos
für eine durchweg positive Konzeption, wobei Ersteres in dieser
Perspektive zum *polyzentrischen Phänomen* evolviert:

> „I would favour a method in which Hollywood and the West would
> cease to be the centre of film history, and this would be seen as a
> process with no single beginning. The advantage of such an approach
> is that, once the idea of a single centre is eliminated, nothing needs
> to be excluded from the world cinema map, not even Hollywood,
> which, instead of a threat, becomes a cinema among others. It can
> receive major, minor or no attention depending on the object in
> question. Against the exclusive method based on Hollywood, be
> it pro or anti, I propose […] the inclusive method of a world made
> of interconnected cinemas" (Nagib 2006, S. 34).

In dieser Konzeption polyzentrischer miteinander verbunde-
ner Regionen sind transnationale Medienkulturen als fluider
Signifikant akzentuiert, deren kulturelle Manifestationen sich
zu unterschiedlichen Zeiten an unterschiedlichen Orten jeweils
unterschiedlich in die Historie des Bewegtbildes einschreiben.
Aus dieser Perspektive werden transnationale Medienlandschaften

zum Phänomen einer zusehends globalen Moderne, das in seinen changierenden Zentren, Bewegungen und Referentialisierungen immer wieder neu zu bestimmen ist.

Die dezentrierte Kategorie des Weltkinos geht mit Nagib nicht von einem Kino der Peripherie des globalen Nordens aus, sondern legt den Fokus auf mediale Vernetzungen, die sich zwischen einzelnen medialen Objekten, insbesondere aber auch den sie umschließenden Medienkulturen spannen. Diese kritische Perspektive bedeutet notwendigerweise auch, dass neben spezifischen Ästhetiken auch Praktiken der Produktion, Distribution, Exhibition und Rezeption zu bedenken sind, die sich jeweils auf einer nationale Grenzziehungen überschreitenden Ebene vollziehen. Das – wie bereits Paul Willemen (1994), Stephen Crofts (1998) oder Andrew Higson (2000 u. 2002) gezeigt haben, ebenso komplexe wie kontradiktorische – Konzept der Nation gilt es deshalb nicht zu verabschieden, auch keineswegs auszuspielen gegen einen Transnationalismus, der freilich notwendigerweise immer auch ex negativo auf die Nation rekurriert: einen nationalen Kontext, der bis auf Weiteres auch nicht völlig zu hintergehen sein wird. Wohl aber ist es angebracht, das Konzept der Nation multiperspektivisch zu wenden, um dem bereits angesprochenen regionalen wie kulturellen Polyzentrismus gerecht werden zu können. Entscheidend ist ein Blick auf die antinomischen, aber nichtsdestoweniger dialogischen Interaktionen des Transnationalen mit dem Nationalen, d. h. Verhandlungen von Ökonomie, Kultur, Politik und Repräsentationen. Es kommt weniger darauf an, bloße Hierarchien zu verschieben als vielmehr Differenz zu schaffen. Daher kann es nicht darum gehen, das Konzept der Nation ganz aufzugeben, vielmehr aber muss es in seinen Limitationen kritisch reflektiert werden, insbesondere in der Preisgabe einer These, die putative kulturelle Spezifität einer Kultur an nationale Kontexte binden möchte. Die massive transregionale Zirkulation von Kapital, Gütern, Information und

nicht zuletzt Menschen lässt jegliche stabile Verbindung zwischen
Nation und Kultur als ideologische Fiktion erscheinen. Anders
gewendet: Gerade die transnationale Perspektive vermag die Nation
als Narration zu demaskieren. Das Medium der Bewegtbilder, unter
denen das Welt*kino* nur eine Facette bildet, hat Teil an Prozessen
kulturellen Austausches, der auf basaler Ebene als in sich selbst
differentiell zu charakterisieren ist. Finanziert von einer Reihe
unterschiedlicher Produktionsfirmen, hergestellt von einem Team
multinationaler Kreativkräfte, gedreht an verschiedenen Orten der
Erde, sind Bewegtbilder heute Agenturen fortschreitend globaler
Bewegungen, deren Ströme sowohl Grenzen von Regionen als auch
Kulturen überschreiten. Diese zentrifugale Dynamik jedoch figuriert nicht als exklusive Qualität einer Zweiten Moderne, die eng
mit ökonomischer Globalisierung wie auch durch den Prozess der
Digitalisierung alternierter Produktions-, Distributions-, Exhibi-
tions- und Rezeptionsbedingungen verbunden ist (siehe ausführlich
dazu Ritzer 2015b, Ritzer 2015c). Vielmehr haben Bewegtbilder
seit jeher als ein Medium der Vernetzung zu gelten, das von seinen
Anfängen an durch transnationale Kooperation auf allen Ebenen
von Fertigung und Verbreitung dislozierend funktioniert. Seine
transnationale Qualität wird bereits evident in den frühen Film-
kulturen europäischer Großstädte wie Berlin und Paris bis 1918, in
dem Modell des *Classical Hollywood Cinema* ab den 1920er Jahren
wie auch in den postkolonialen Entwürfen des antiimperialistischen
Kinos seit den 1960er Jahren. Sie schreibt sich mithin nicht nur
den Kinokulturen des globalen Nordens, sondern insbesondere
auch den gegengerichteten Antworten des globalen Südens ein:
„The transnational comprises both globalization – in cinematic
terms, Hollywood's domination of world film markets – and the
counterhegemonic responses of filmmakers from former colonial
and Third World countries" (Ezra und Rowden 2006, S. 1). Dieses
einflussreiche von Elizabeth Ezra und Terry Rowden postulierte

Modell eines transnationalen Kinematographischen, das einerseits international ausgerichtete Produktionen („Hollywood") wie andererseits auch marginalisierte, die Dominanz der hegemonialen Filmkultur herausfordernde Gegentraditionen („Drittes Kino") inkludiert, bleibt in seiner dichotomischen Zuspitzung letztlich jedoch zu unscharf, um der faktischen Hybridität transnationaler Medienlandschaften gerecht werden zu können. Wie Ezra und Rowden schließlich selbst erkennen, stellen Evolutionen der Zweiten Moderne neue Herausforderungen, die epistemologisch zu berücksichtigen und auch nicht dialektisch im Sinne eines „postcolonial transnationalism" (Enwezor 2007) aufzulösen sind:

> „post-colonialism loses its conceptual coherence when it is called upon to provide analytical grounding for situations that do not have or that have not been defined exclusively by the imperial or colonial pre-histories of which it has functioned as a deconstructive critique. Alternatively, transnationalism offers a more multivalenced approach to considering the impact of history on contemporary experience owing to the fact that the issues of immigration, exile, political asylum, tourism, terrorism, and technology with which it engages are all straightforwardly readable in 'real world' terms. And increasingly, this real world is being defined not by its colonial past (or even its neocolonial present), but by its technological future, in which previously disenfranchised people will gain ever greater access to the means of global representation" (Ezra und Rowden 2006, S. 5).

Ungelöst bleibt in dieser Einlassung dennoch eine konkrete Umsetzung des epistemologischen Paradigmenwechsels, der in der Mobilisierung der transnationalen Terminologie alleine noch keine Antwort auf die Verschiebung der Problemlage findet.

Feingliederiger operiert die von Mette Hjort vorgeschlagene Typologie eines *cinematic transnationalism*, der in seiner Pluralität zu erfassen ist. Hjort folgt dabei einer Produktionslogik und schlüsselt folgende Dimensionen auf:

- „epiphanic transnationalism": „the emphasis is on the cinematic articulation of those elements of deep national belonging that overlap with aspects of other national identities to produce something resembling deep transnational belonging";
- „affinitive transnationalism": „centers on the tendency to communicate with those similar to us, with similarity typically being understood in terms of ethnicity, partially overlapping or mutually intelligible languages, and a history of interaction giving rise to shared core values, common practices, and comparable institutions";
- „milieu building transnationalism": „a model of transnational collaboration aimed at jointly developing solutions to particular problems that hamper the development of thriving film milieus";
- „opportunistic transnationalism": „involves giving priority to economic issues to the point where monetary factors actually dictate the selection of partners beyond national borders";
- „cosmopolitan transnationalism": „multiple belonging linked to ethnicity and various trajectories of migration here becomes the basis for a form of transnationalism that is oriented toward the ideal of film as a medium capable of strengthening certain social imaginaries";
- „globalizing transnationalism": „finds a starting point in the putative inadequacy of national sources of film finance and makes transnational appeal oriented asymptotically towards global appeal the mechanism for recuperating the high costs of supposedly unavoidable international co-productions";
- „auteurist transnationalism": „arises in a more punctual, ad-hoc manner when an established auteur and icon of a particular

national cinema […] decides to embrace a particular kind of collaboration beyond national borders";

- „modernizing transnationalism": „arises when a significantly transnationalized film culture becomes a means of fueling, but also signifying, the mechanisms of modernization within a given society";
- „experimental transnationalism": „the commitment […] is not without social and political value but this is realized primarily at the national and international level, whereas artistic value is pursued transnationally" (Hjort 2009, S. 15ff.).

Hjorts Typologie bietet einen fein verästelten Schlüssel zum Verständnis unterschiedlicher transnationaler Relationen, läuft in ihrer detailorientierten Ausrichtung aber häufig Gefahr, in repetitiven Tautologien stecken zu bleiben.

Vereinfachend, aber dennoch nicht simplifizierend, lassen sich an dieser Stelle folgende Alternativen zur Klassifikation transnationaler medienkultureller Strömungen vorschlagen:

- ökonomischer Transnationalismus: Finanzierung durch multinationale Produktionsfirmen;
- kreativer Transnationalismus: Kooperation von Medienschaffenden unterschiedlicher Nationalitäten, auf Ebene von Regisseur*, Schauspieler*, Drehbuchautor*innen etc.;
- rezeptiver Transnationalismus: Appropriation medialer Objekte durch Rezipient*innen vor ihrem spezifischen kulturellen Horizont;
- ästhetischer Transnationalismus: Überschreitung nationaler Grenzen durch ästhetische Konfigurationen medialer Objekte selbst, in Form von Schauplätzen, Sujets, Charakteren, aber auch spezifischen formalen Verfahren wie etwa Ästhetiken von *Third Cinema* oder *Classical Narration*.

Freilich lässt sich keine der Kategorien trennscharf separieren. Stattdessen ist vielmehr von einer reziproken Korrespondenz auszugehen, die erst in ihrer multiplen Verschränkung das Phänomen transnationaler Medienlandschaften konstituiert. Konsequenterweise hat eine informierte Medienwissenschaft alle Ebenen des Transnationalen zu reflektieren, wenn ihr an fundierten Analysen gelegen ist. Dabei gilt es, um mit Étienne Balibar zu sprechen, immer beides zu berücksichtigen: sowohl das, was „circulate[s] capital", als auch das, was „capital circulates" (Balibar 2002, S. 83). In diesem Sinne hätte es einer medienwissenschaftlichen Globalisierungsanalyse um die historischen, ökonomischen, ideologischen und kulturellen Implikationen transnationaler Verflechtungen zu gehen, die sowohl Produktion als auch Rezeption medialer Objekte bedingen.

Am Beispiel der Medialisierung von Martial Arts lassen sich entsprechende Verflechtungen besonders gut nachzeichnen (siehe ausführlich dazu Ritzer 2012). Sie ist, im Sinne von Fredric Jameson, durchaus als komplexe „kulturelle Dominante" einer Medienkultur speziell des globalen Südens zu begreifen: „eine Konzeption, die es ermöglicht, die Präsenz und die Koexistenz eines Spektrums ganz verschiedener, jedoch einer bestimmten Dominanz untergeordneter Elemente zu erfassen" (Jameson 1986a, S. 48). Durch eine Negation der Dichotomie zwischen nationaler und internationaler Medienkultur erscheint die Medialisierung von Martial Arts mit Jameson als *kulturelle Dominante*, durch die mediale Artefakte soziales Leben ästhetisieren und virtualisieren, mithin also nicht nur „nach dem Ende des bürgerlichen Ichs" (Jameson 1986a, S. 60) so fragmentierte wie geschichtslose Subjektivitäten des globalen Nordens evozieren, sondern auch eine transnationale Präsenz von Martial Arts konstatieren lassen, deren Signifikanz eine Funktion als bloßes grenzüberschreitendes Warenangebot transzendiert.

Seit mindestens den frühen 1960er Jahren funktioniert diese Präsenz von Martial Arts als ein Projekt transnationaler Kooperation, vor allem zwischen ostasiatischen Regionen wie Hongkong, Japan und den Philippinen auf der einen Seite und den USA, aber auch europäischen Regionen wie Italien, Großbritannien, Deutschland und der Türkei auf der anderen Seite. Oft weniger bekannt ist, dass ab den 1970er Jahren auch Afrika ein wichtiger Akteur in der globalen Bedeutung der Martial Arts-Produktionen wird. Diese Handlungsmacht deutet nicht nur auf den Fakt hin, dass etwa Kung Fu allgegenwärtig in afrikanischen Städten war, sie hat viel weitreichendere Implikationen, die so verschiedene mediale Akteure wie die nordafrikanischen Länder Ägypten und Marokko, aber auch Subsahara-Nationen wie Kamerun, Nigeria, Burkina Faso, Uganda und, am wichtigsten, Südafrika miteinbeziehen. Zahlreiche Produktionen demonstrieren, dass Martial Arts-Kultur zu einer spezifischen Ära der Dominanz *multinationaler Netzwerke* gehört, in, gesprochen mit Fredric Jameson, „a moment in which not merely the older city but even the nation-state itself has ceased to play a central functional and formal role in a process that has in a new quantum leap of capital prodigiously expanded beyond them, leaving them behind as ruined and archaic remains of earlier stages in the development of this mode of production" (Jameson 1991, S. 412). Die Medialisierung von Martial Arts kann mithin als ein Phänomen betrachtet werden, das nicht einer nationalen, sondern einer grundsätzlich transregionalen Medienkultur angehört, welche die Agenda jeglicher nationalistischer Medienpolitik untergräbt, die kulturelle Homogenität zu stärken trachtet. Daher zeigen die transregionalen Flüsse der Martial Arts, dass monolithische Konzepte der Regionalforschung niemals die komplexen Themen von Medienmigration und globaler Mobilität erfassen können, die in der heutigen Kultur postkolonialer Differenz auf dem Spiel stehen.

Mit dem Begriff „transregional" als Supplement des Transnationalen sind entweder Co-Produktionen von multinationalen
Finanzarrangements, Produktionen, in denen Personal verschiedener Kulturen mitwirkt, Produktionen, die ein internationales
Publikum ansprechen, oder Produktionen, die an einem geteil-
ten kulturellen Imaginären, wie dem Genre der Martial Arts,
teilhaben, adressiert. Diskurse transregionaler Medienkulturen
könnten mithin nicht zuletzt reduktive Gegensatzpaare zwischen
globalem Norden und den eng gefassten nationalen Medienkulturen des globalen Südens lösen, und sie können auch helfen, die
Medialisierung von Kampfkunst als ein in sich differenzielles
Phänomen zu charakterisieren, das durch das Prisma dezentrali-
sierter Produktionsweisen, der Mobilität von Medienakteur*innen,
fluider Netzwerke des Zugangs und einer grundsätzlich flexiblen
Bildzirkulation gesehen werden muss.

Konträr zum bekannten Paradigma des sogenannten Kultur-
imperialismus, das eine bloße Homogenisierung lokaler Medienkulturen auf globaler Ebene durch den Norden und insbesondere
„Hollywood" annimmt, sind Prozesse der Heterogenisierung zur
gleichen Zeit am Werk und inkludieren verschiedene Agenturen,
die nicht notwendigerweise vom globalen Norden abhängig sind.
In jedem Fall opponiert die transregionale Zirkulation von Bildern
und Tönen gegen eine Unidirektionalität kultureller Strömungen
und ist stattdessen charakterisiert durch ihre vielen Facetten und
basale Multidirektionalität. Als Teil der globalen Kulturökonomie
überschreitet die Dialektik der globalisierenden und lokalisieren-
den Mächte der audiovisuellen Zirkulation den rein ästhetischen
Bereich. In diesem Sinne reist die Medialisierung von Kampfkunst
über nationale Grenzen und fungiert als Interface eines globalen
Netzwerks kulturellen Austauschs. Die Arbeit der Imagination
muss in diesem Kontext als Raum der Auseinandersetzung gesehen werden, in dem, nach Arjun Appadurai, „individuals and

groups seek to annex the global into their own practices of the modern" (Appadurai 1996, S. 4). Aus dieser Perspektive erscheint die Imagination von Kampfkunst als ein Mechanismus, durch den Menschen Sinn in ihrem alltäglichen Leben einer globalisierten Umwelt zu stiften vermögen: selbst, und gerade dann, wenn Martial Arts-Produktionen vor allem Bilder und Töne schaffen, die gänzlich als „chimeral, aesthetic, even fantastic" (Appadurai 1996, S. 35) erscheinen. Kurz, sie können als zentraler Ort eines Denkens der Dynamiken transregionaler Kulturflüsse gelten. Denn betrachtet man Martial Arts aus der Perspektive von Theorien kultureller Globalisierung, zeigt sich, dass die Medialisierung von Kampfkunst nicht etwa als ein exklusiv „asiatisches" Produkt gefasst werden kann. Als kulturelle Transfers haben Bilder und Töne von Martial Arts auf die wirtschaftliche Entwicklung eines transnationalen Kapitals reagiert. Ästhetischer Effekt ist eine *Medienkultur der Differentialität* zwischen Identität und Alterität, welche sich gegenseitig spiegeln und referenzieren, nicht auf eine hierarchische, sondern auf eine symmetrische Weise. Zur Analyse der Konstitution von Identität und Alterität können gerade afrikanische Martial Arts-Produktionen und ihre Appropriation von generischen Elementen asiatischer Tradition als Beispiel gelten für die Reflexion der Art und Weise, wie „asiatische" Repräsentationsformen mit spezifisch lokalen Materialien hybridisiert, sprich in neuen kulturellen und nationalen Kontexten angeeignet werden. Mediale Objekte als Reflexionen ihrer transkulturellen Produktionsweise erscheinen dabei als ebenso in sich differentiell wie das globale Imaginäre, aus dem sie sich konstituieren. Wie sich zeigen lässt, initiieren gerade afrikanische Produktionen einen differenziellen Prozess der Ästhetisierung, in dem weder den Erzählkonventionen noch der Ikonographie des Martial Arts-Genres notwendigerweise treu geblieben wird; vielmehr schaffen sie eine komplexe Verschiebung, die sowohl Identität als auch Alterität transzendiert.

Durch die Destabilisierung einer kohärenten Ästhetik ist ein
Prinzip der Aneignung zu diskutieren, das wiederum Teil eines
größeren Trends kultureller wie ökonomischer Globalisierung zu
sein scheint: als lokale Fundierung bei simultaner Konkretisierung
wie Abstrahierung einer kosmopolitischen Form.

Ab den 1960er Jahren ist die Medialisierung der Kampfkünste
zum Teil eines überregionalen Genres geworden, das als kosmo-
politisches Ausdrucksmittel gelten muss. Ausgehend von Bruce
Lee und seinen Hongkong-Produktionen *The Big Boss* (1969),
Fists of Fury (1971) und *Way of the Dragon* (1972) hat es begonnen,
nicht nur um die Welt zu reisen, sondern ist bald auch von anderen (trans)nationalen Medienkulturen angeeignet und in neuen
Produktionskontexten lokalisiert worden. Die Medialisierungen
von Kampfkunst erscheinen hier als Knotenpunkt in einem globalen Netzwerk des kulturellen Austausches. Die Schwächung
des Nationalen ermöglicht es, dass kulturelle Strömungen über
Grenzen hinausgehen, die dennoch aber örtliche Praktiken und
den Aufbau kultureller Identitäten fördern. Dementsprechend
kann die Bedeutung der Martial Arts nicht durch Konzentration auf regionale Grenzen abgebildet werden, sondern muss in
Kontexten unter Berücksichtigung transnationaler Kapital- und
Kulturströme diskutiert werden. In dieser Hinsicht des Transnationalismus wurde die US-Hongkong-Produktion von *Enter the
Dragon* (1973) mit Bruce Lee und dem diasporischen Afrikaner
Jim Kelly zu einem wichtigen frühen Referenzpunkt. Insbesondere
Kelly konnte eine eigene Karriere starten, die in der Produktion
von *Black Belt Jones* (1974) gipfelte: einer Adaption von Kurosawa
Akiras *Sugata Sanshiro* (1943), die ausdrücklich auf diasporisch
afrikanischer Erfahrung fußt und Kelly als Leiter eine Kampf-
kunstschule für „Ghetto"-Kinder zeigt, der gegen das korrupte
weiße Establishment kämpft.

Abb. 14 *Enter the Dragon* (Hongkong/USA 1973, DVD Warner)

Abb. 15 *Black Belt Jones* (USA 1974, DVD Warner)

Anschließend bildeten Martial Arts einen signifikanten Topos von mehreren US-Produktionen der 1970er Jahre, jeweils besetzt mit diasporischen Afrikaner*innen als Kampfkunstmeister*innen, die nicht nur in *Black Belt Jones* und dem Sequel *Hot Potato* (1976) auftreten, sondern auch in Titeln wie *Cleopatra Jones* (1973), *Cleopatra Jones and the Casino of Gold* (1975) oder *Black Samurai* (1977) erscheinen. Sicherlich ist es kein Zufall, dass sowohl die diasporischen afrikanischen als auch die asiatischen Kampf-kunstheld*innen besonders ein Publikum aus dem globalen Süden ansprechen konnten. Als Ermächtigungsfantasien nicht-weißer Subjekte ist auch eine ganze Reihe von auf den Philippinen reali-sierten Martial Arts-Produktionen mit diasporischen afrikanischen Schauspieler*innen zu konstatieren (siehe ausführlich dazu Ritzer 2013). Produktionen wie *Bamboo Gods and Iron Men* (1974), *T.N.T. Jackson* (1975), *Ebony, Ivory & Jade* (1976), *Sudden Death* (1977) oder *Death Force* (1978) stellen diese Politik ins Zentrum ihrer Agenda.

Abb. 16 *T.N.T. Jackson* (Philippinen 1974, DVD Shout)

Abb. 17 *Death Force* (Philippinen 1978, DVD Shout)

Unter den vielen Martial Arts-Produktionen aus dem globalen Süden soll im Folgenden ein Blick sich auf die Fallstudie von *Lethal Ninja* (1992) richten. Es handelt sich dabei um eine bemerkenswerte VHS-Produktion, realisiert im südafrikanischen Gauteng *direct-to-video* (siehe ausführlich dazu Ritzer 2017a). Sie eignet sich den kulturellen Mythos von verdeckten Agenten im feudalen Japan an, die im Gegensatz zum Code des Samurai, der angeblich strenge Regeln der Ehre und des Kampfes beachtete, spezialisiert sind auf Spionage, Sabotage, Infiltration und Attentat. *Lethal Ninja* entpuppt sich jedoch als eine ausgesprochen zeitgemäße Produktion, wenn man bedenkt, dass sie 1992 in Gauteng, Südafrika, entstanden ist, als das Land gerade seinen Prozess der Demokratisierung durchlief, angeführt vom liberalen Afrikaander F.W. de Klerk und dem ehemaligen politischen Gefangenen Nelson Mandela, deren gemeinsame Verhandlungen schließlich rassistische Gesetze und die Todesstrafe abschafften, Pressefreiheit installierten und Südafrika anno 1994 erstmals freie Wahlen garantierten. *Lethal Ninja* nun ist in einem allegorischen afrikanischen Land namens „Odangua" situiert, und das Narrativ eröffnet an den Ufern des Subsaharasees Oduba, wo eine wissenschaftliche Expedition durchgeführt wird. Um zu untersuchen, warum der Süßwassersee tödliches Giftwasser birgt, führt eine internationale Gruppe von Biochemikern unter der Aufsicht von Dr. Johannsen (Len Sparrowhead) eine Umweltstudie bezüglich des Säuregehalts des Sees durch. Plötzlich, just als Johannsen erkannt hat, dass der See offensichtlich von Menschenhand vergiftet worden ist, werden die Wissenschaftler in ihrem provisorischen Zeltlabor von einer Gruppe maskierter Ninjas überfallen, die wie aus dem Nichts auftauchen und von einem reichen Industriellen namens Kray (Norman Coombes) angeführt werden. Die Ninjas töten alle Expeditionsteilnehmer mit Schwertern, Bögen und Pfeilen, oder sie stoßen ihre Opfer in den Säuresee, wodurch schreckliche chemische Verbrennungen entstehen. Einzige Überlebende des Massakers ist Dominique Ford (Karyn Hill), Assistentin des toten Forschungsleiters, die von den Mördern entführt wird. Der Fabrikbesitzer und moderne Sklavenhändler Kray beabsichtigt, ihre Kenntnisse der Mikrobiologie für rassistische Zwecke auszunutzen, inspiriert von einer alten Prophezeiung des Nostradamus und seiner Vision von „Menschen des dunklen Kontinents", die in einen „feindlichen Hinterhalt fallen", wie ein Textinsert zu Beginn sagt: ein „dunkler Schatten des Todes wird aus den Gewässern entspringen und diejenigen an den Ufern einhüllen". Verständlicherweise wurde *Lethal Ninja* auch unter dem Titel *Nostradamus Syndrome* in Südafrika vertrieben. Es stellt sich heraus, dass Dominique Fords Ehemann Joe (Ross Kettle), Südafrikaner und Ex-Spion, selbst Ninja ist, offiziell für tot erklärt und nun sein Leben friedlich als Yogalehrer verbringt. Als er aber vom Schicksal seiner Frau hört, beschließt Ford, sie zu retten, egal was es kostet. Da er nicht auf die Hilfe seiner alten Kollegen zählen kann, wendet er sich an seinen ehemaligen besten Freund Pete Brannigan (David Webb), erfahrenen Kickboxer und Spezialist für Armbrüste.

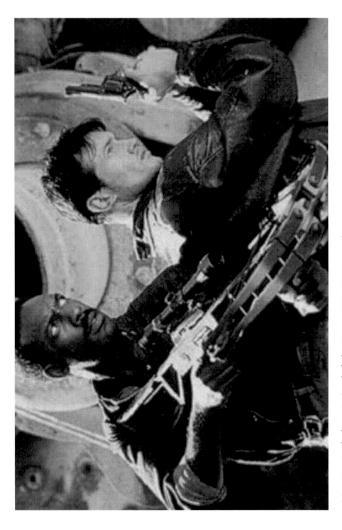

Abb. 18 *Lethal Ninja* (Südafrika 1992, DVD Nu Image)

Abb. 19 *Lethal Ninja* (Südafrika 1992, DVD Nu Image)

Abb. 20 *Lethal Ninja* (Südafrika 1992, DVD Nu Image)

Abb. 21 *Lethal Ninja* (Südafrika 1992, DVD Nu Image)

Brannigan, ein Afrikaner, der in der Diaspora von San Francisco
lebt, schließt sich nur widerwillig Ford an, ist aber begeistert, dass
ihm die Gelegenheit gegeben wird, sein kulturelles Erbe kennen
zu lernen. „Komm, besuche Afrika!", so zitiert Brannigan immer
wieder Ford: „Lerne Deine Wurzeln kennen!" Nach der Ankunft
in Odangua wird dies allerdings zum Running Gag des Videos, da
Brannigan keine Zeit bekommt, sein Erbe zu entdecken, sondern
vielmehr rassistische Südafrikaner bekämpfen muss, die planen,
die Wasserversorgung des gesamten Kontinents zu vergiften. Nach
der Exposition des Narrativs fliegen Brannigan und Ford nach
Afrika und checken in ein Luxushotel ein, wo sich der Besitzer
Omar Osman (Frank Notaro) in die Entführung von Dominique
verwickelt zeigt. Untersuchungen anstellend, lernen Ford und
Brannigan Odangua kennen und treffen den lokalen Spion Ndu-
mo (Ken Gampu), der Insider-Kenntnisse über die Verschwörung
besitzt und Auskunft erteilt, wo Fords Frau gefangen gehalten
wird, bevor er selbst sein plötzliches Ende durch eine Autobom-
be findet. Nach einigen Kampfhandlungen entdecken Ford und
Brannigan schlussendlich, dass Osman plant, die Macht von
Odanguas Staatsoberhaupt (David Phetoe) zu übernehmen. Als der
afrikanische Präsident die Forderungen von Osman nicht gewährt,
streben der Hotelbesitzer und sein rechtsradikaler Freund Kray
an, das Land ins Chaos zu stürzen, indem sie giftiges Wasser als
Massenvernichtungswaffe nutzen. Es liegt an Brannigan und Ford,
die zwei Wahnsinnigen zu stoppen sowie Fords Frau Dominique
und die Sklaven, die von Kray in seinen südafrikanischen Minen
ausgebeutet werden, zu retten.

Einerseits kann dieses Narrativ von *Lethal Ninja* sicherlich
als eine sehr politische und lokalisierte Verortung postkolonialer
Friktionen gelten. In seinem afrikanischen Kontext opponiert es
gegen Rassismus und tritt als nur wenig verschleierte Allegorie
von Apartheid-Südafrika und (neo)kolonialer Unterdrückung

des globalen Südens im Allgemeinen auf. Wie Fredric Jameson
so eindrücklich gezeigt hat, geht es im Weltsystem des globalen
Kapitalismus stets unabwendbar um fatale Verflechtungen zwischen Nord und Süd:

> „none of these (third-world) cultures can be conceived as anthropo-
> logically independent or autonomous, rather, they are all in various
> distinct ways locked in a life-and-death struggle with first-world
> cultural imperialism – a cultural struggle that is itself a reflexion of
> the economic situation of such areas in their penetration by various
> stages of capital, or as it is sometimes euphemistically termed, of
> modernization" (Jameson 1986b, S. 68).

Und eben dieser Spiegel figuriert stets im Modus der Allegorie:

> „what all third-world cultural productions seem to have in common
> and what distinguishes them radically from analogous cultural
> forms in the first world [is that all] third-world texts are necessa-
> rily, I want to argue, allegorical, and in a very specific way: they
> are to be read as what I will call *national allegories*, even when, or
> perhaps I should say, particularly when their forms develop out of
> predominantly western machineries of representation" (Jameson
> 1986b, S. 69).

Félix Guattari fügt dem hinzu, dass alte Konfliktherde zwar bestehen bleiben, zugleich aber mehrdimensionale Systeme in Gang
setzen, die unvereinbar sind mit einer starren Dichotomie zwischen Norden und Süden: „So gerät […] die Gegenüberstellung
zwischen der Dritten Welt und der entwickelten Welt überall aus
den Fugen. Man hat es an den Neuen Industriemächten gesehen,
deren Produktivität ohne Gemeinsamkeiten mit den traditionellen industriellen Bastionen des Westens zu entstehen vermochte;
dieses Phänomen ist aber zugleich begleitet von der Entstehung
einer Art von interner dritter Welt in den entwickelten Ländern,
die wiederum beschleunigt wird durch die Dringlichkeit der Fra-

gen bezüglich der Einwanderung und des Rassismus. Daß man sich nicht täusche: das große Aufhebens um die wirtschaftliche Einheit der Europäischen Gemeinschaft wird keineswegs diese ‚Verdrittweltung' beträchtlicher Gebiete Europas bremsen" (Guattari 1994, S. 18f.). Aus dieser Perspektive demonstriert *Lethal Ninja*, wie einerseits Martial Arts als globales Genre lokale Kulturen auf verschiedene Weise beeinflussen, und andererseits als Reaktion darauf spezifische lokale Negationen konstruiert werden.

Konträr dazu allerdings erscheint signifikanter wohl eine ausgesprochen universelle, nachgerade abstrakte Qualität der VHS-Produktion. Diese Abstraktion hat nicht nur mit der allegorischen Qualität der Erzählung zu tun. Vielmehr resultiert sie primär direkt aus der Medialisierung von Kampfkünsten. In *Lethal Ninja* werden gerade Ninjas selbst weder erklärt noch plausibilisiert. Nicht die geringste Anstrengung ist gemacht, um die Existenz der Ninjas im Kontext afrikanischen Graslands zu deuten. In einer Sequenz benutzen sie sogar Maschinengewehre als ihre Waffen der Wahl, was Brannigan tatsächlich zum bestürzten Ausruf führt: „Ninjas? Mit Maschinengewehren?!" Unnötig zu erwähnen, dass er seine Gegner jedoch aufs Leichteste besiegt. In dieser Hinsicht sind die Ninjas von *Lethal Ninja* überhaupt nicht lethal. Vielmehr figuriert das Video wie eine Umkehrung des gesamten Ninja-Genres. In ikonischen japanischen Produktionen wie *Akai Kagebōshi* (1961), *Jigoku no Kagebōshi* (1962) oder *Kaze No Bushi* (1964) kann üblicherweise ein Ninja zehn Männer töten. In *Lethal Ninja* hingegen können zehn Ninjas keinen einzigen Mann töten. Das Video schreibt die Konventionen seines Genres um und gibt ihnen eine neue Perspektive vor. Darüber hinaus bekommen Fords Ninja-Kleidung und -Taktiken keine wirkliche narrative Motivation. In der zentralen Sequenz des Videos infiltriert Ford eine Ninja-Basis und wird plötzlich von seinen Feinden umgeben: auf Rollschuhen. Auch hier erfolgt keinerlei Hintergrundinformation. Inmitten einer Art von Basketballplatz beginnen die Ninjas plötzlich Ford auf ihren Skates mit tödlichen Klingen in der Ferse zu umkreisen. Es konstituiert sich ein traumgleicher Moment, der einerseits die generische Affinität der Martial Arts-Tradition zu Musicals demonstriert. Es entsteht, gesagt mit Alain Badiou, wortwörtlich „eine Art Tanz, eine sehr plastische Choreographie", die das Material der Körper verändert durch „eine besondere Stilisierung" (Badiou 2014, S. 316). Andererseits kommt mit dieser visuellen Poesie der Inszenierung auch eine kontrastive Lichtsetzung und ein experimentelles Spiel mit Schatten zur Geltung, mit denen die Handlung in die Sphäre der Avantgarde-Kunst erhoben wird. Zentral erweist sich hier nicht die inszenatorische Kunstfertigkeit etwa einer Produktion wie *Con Game* – und ihre am Bild der Evidenz von Walter Hill geschulte Ästhetik des Überflusses (siehe Kapitel 3, ausführlich dazu Ritzer 2009, Ritzer 2015a, Ritzer 2018b) – als vielmehr eine scheinbar zufällige Inkohärenz des Sichtbaren. Nicht die handwerkliche Sorgfalt von *Con Game*, geschweige denn die komplex expressive Mise-en-scène bei Walter Hill, sondern das Moment der ästhetischen Einheit selbst steht hier zur Disposition. Und doch, Licht und Schatten treten in ein antagonistisches Spannungsverhältnis, in einen, so lässt sich nur adäquat mit Gilles Deleuze sagen, „unendlichen Gegensatz". Es ist ein Antagonismus, der sich weder dualistisch noch dialektisch ausnimmt, keine „organische" Einheit bildet: „[D]as Licht wäre nichts – wenigstens nichts, was in Erscheinung träte – ohne das Dunkel, dem es sich widersetzt und das es sichtbar werden läßt" (Deleuze 1989, S. 75). Licht und Schatten versuchen, sich gegenseitig zu verdrängen. Aus dem Kontrast zwischen Hell und Dunkel resultiert eine graphische Dynamik, in der Licht und Schatten als *prädispositives Medium der medialen Form* reflexiv gewendet sind. Mit Deleuze wäre hier von einem Prinzip der poetischen Abstraktion zu sprechen:

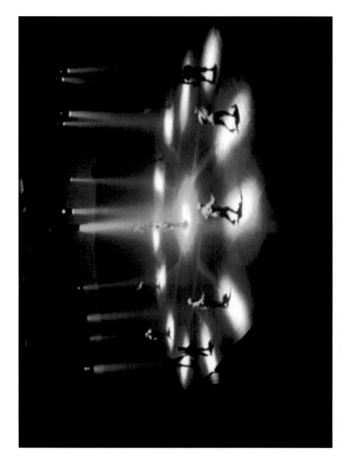

Abb. 22 *Lethal Ninja* (Südafrika 1992, DVD Nu Image)

Abb. 23 *Lethal Ninja* (Südafrika 1992, DVD Nu Image)

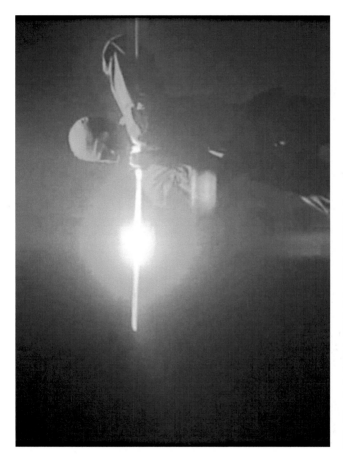

Abb. 24 *Lethal Ninja* (Südafrika 1992, DVD Nu Image)

Abb. 25 *Lethal Ninja* (Südafrika 1992, DVD Nu Image)

Dort ist „der Schatten nicht mehr Verlängerung ins Unendliche
oder Umkehr an der Grenze. Er ist nicht mehr die unendliche
Verlängerung eines gegebenen Zustands, er wird vielmehr Alternativen zwischen dem Zustand selbst und der Möglichkeit – der
ihn übersteigenden Virtualität – zum Ausdruck bringen" (Deleuze
1989, S. 156f.). In *Lethal Ninja* hält das Video die Welt stets in einer
Schwebe. Zwischen Licht und Schatten, zwischen aktuellem und
virtuellem Geschehen per se.

    Lethal Ninja zeichnet sich durch eine Ästhetik der Differenz
aus. Anstelle reibungsloser Verschmelzung von Kampfkunst-Tra-
dition und Ninja-Genre mit ihrem afrikanischen Kontext bleiben
das Globale und das Lokale in ihren spezifischen ästhetischen
Unterschieden bestehen. Im Gegensatz zu der allgegenwärtigen
Hybridisierung von Genres im System des klassischen Bewegungsbildes, die darauf abzielt, ihr Material funktional für das Narrativ
zu entwerfen, gibt es keine Kohärenz in *Lethal Ninja*. Das Video ist
in einer konkreten Gauteng-Landschaft um Johannesburg verortet,
und doch situiert es sein Setting in einer fluiden Nicht-Zeit und
an einem Nicht-Ort, die keine materiellen Referenten besitzen
wollen. Zum einen lässt sich diese Ästhetik mit Fredric Jameson
begreifen als spezifischer Modus der Allegorie. Der definiert sich
gerade über Diskontinuität und Heterogenität:

> „If allegory has once again become somehow congenial for us today,
> as over against the massive and monumental unifications of an
> older modernist symbolism or even realism itself, it is because the
> allegorical spirit is profoundly discontinuous, a matter of breaks and
> heterogeneities, of the multiple polysemia of the dream rather than the
> homogeneous representation of the symbol" (Jameson 1986b, S. 73).

Konträr zu Realismus und Symbolismus nimmt das Allegorische
den Weg des Onirischen, d. h. der Traumlogik. Zum anderen konstituiert die Allegorie von *Lethal Ninja* so, was Gilles Deleuze in

seiner Philosophie des Bewegungsbildes einen „beliebigen Raum" genannt hat; nicht, weil die inszenatorischen Entscheidungen gänzlich dem Zufall überlassen bleiben, sondern weil deren Signifikanz in der Konstitution komplexer Strukturen des Raums liegt. *Lethal Ninja* rekurriert nicht auf externe Raumschemata, die wie im klassischen Bewegungsbild zu aktualisieren wären, vielmehr rücken bislang unbestimmte Darstellungsqualitäten in den Fokus:

> „Ein beliebiger Raum ist keine abstrakte Universalie jenseits von Zeit und Raum. Es ist ein einzelner, einzigartiger Raum, der nur die Homogenität eingebüßt hat, das heißt das Prinzip seiner metrischen Verhältnisse oder des Zusammenhalts seiner Teile, so daß eine unendliche Vielfalt von Anschlüssen möglich wird. Es ist ein Raum virtueller Verbindung, der als ein bloßer Ort des Möglichen gefaßt wird. Was sich tatsächlich in der Instabilität, Heterogenität und Bindungslosigkeit eines derartigen Raums bekundet, ist eine Vielfalt an Potentialen oder Singularitäten, die gleichsam die Vorbedingungen jedweder Aktualisierung oder Determinisierung sind" (Deleuze 1989, S. 153).

Der Raum evolviert zum medialen *Möglichkeitsraum von Bewegung*, der potentielle Dynamiken des Bildes inkorporiert. Ohne das Narrativ in eine spezifische Richtung zu lenken, setzt der indefinite Raum jenseits klassischer Kontinuitäts-Axiome taktile Assemblagen audiovisuellen Materials frei, die statt dem definiten Narrativ perzeptive Potentiale bündeln. *Lethal Ninja* transponiert den diegetischen Raum damit in ein Stadium des Imaginären, so dass sich eine onirische Atmosphäre afrikanischen Limbos konstituiert.

Ein Video wie *Lethal Ninja* schwächt mithin deutlich jede Vorstellung von nationaler und kultureller Homogenität. Mit Arjun Appadurai und seinen einflussreichen Einlassungen in *Modernity at Large: Cultural Dimensions of Globalization* markiert eben diese Schwächung den Prozess der Globalisierung. Ohne Zweifel weckt die Transnationalisierung der Martial Arts unweigerlich Reminiszenzen an Appadurais These einer „loosening of bonds between people, wealth and territories [that] fundamentally alters the basis of cultural reproduction" (Appadurai 1996, S. 49). Sie zeugt sicherlich nicht zuletzt auch von jener „complex overlapping, disjunctive order" (Appadurai 1996, S. 32), die von Appadurai beschrieben wird und nicht mehr in Bezug auf traditionelle Zentrums-Peripherie-Modelle verstanden werden kann. Appadurais Modell einer transnationalen Kulturökonomie schlägt fünf Dimensionen von globalen kulturellen Strömungen vor, die alle auch im Falle von *Lethal Ninja* signifikante Relevanz besitzen: a) „ethnoscapes", b) „mediascapes", c) „technoscapes", d) „financescapes" und (e) „ideoscapes". Mit diesen Landschaften (*scapes*) setzt Appadurai einen Rahmen globaler kultureller Strömungen, der durch seine konstitutive Fluidität gekennzeichnet ist, stets abhängig von der Perspektive – eben wie eine Landschaft ihre Erscheinung blickgemäß je nach Modus und Subjekt verändert. Im Einzelnen also diskutiert Appadurai unter seiner Metapher der Landschaft:

a. Ethnoscapes – als Fluss der Menschen seit dem Aufkommen des leicht zugänglichen und erschwinglicheren Transports, eine flexible Landschaft von Personen, die die Welt als „shifting world" (Appadurai 1996, S. 33) neu ordnen, von Tourist*innen über Einwanderer*innen, Geflüchtete, Exilant*innen, Gastarbeiter*innen und alle anderen mobilen Gruppen und Personen;

b. Mediascapes – als mediale Flüsse, die es ermöglichen, dass entfernte Kulturen sich gegenseitig begegnen und verweisen auf „both to the distribution of electronic capabilities to produce and disseminate information (newspapers, magazines, television stations and film production studios) which are now available to a growing number of private and public interests throughout the world, and to the images of the world created by these media" (Appadurai 1996, S. 35);

c. Technoscapes – als Flüsse der Technologie in einer transgressiven Umwelt, die von transnationalen Unternehmen kontrolliert wird, lokalisiert in einer „global configuration, also ever fluid, of technology, and of the fact that technology, both high and low, both mechanical and informational, now moves at high speeds across various kinds of previously impervious boundaries […] driven […] by increasingly complex relationships between money flows, political possibilities, and the availability of both un- and highly skilled labor" (Appadurai 1996, S. 34);

d. Financescapes – als Fluss des Kapitals über Devisenmärkte, nationale Börsen und Finanzspekulationen, bezogen auf „mega-monies through national turnstiles at blinding speed" (Appadurai 1996, S. 34f.);

e. Ideoscapes – als Fluss der politischen Ideen von einem Gebiet zum anderen, bestimmt durch „concatenations of images", meist „directly political" und verbunden mit „ideologies of states and the counter-ideologies of movements explicitly oriented to capturing state power or a piece of it" (Appadurai 1996, S. 36).

Nun arbeiten Martial Arts-Produktionen und das Ninja-Genre gleichermaßen sicherlich sowohl über Ideoscapes, d. h. die Ideologien von Erzählkonstruktionen, als auch über Technoscapes, d. h. mediale Apparate, die für die Produktion notwendig sind; und als transnationale Co-Produktionen, die nicht zuletzt überregional distribuiert werden, fusionieren sie ferner verschiedene finanzielle Mittel. Schauspieler wie Ross Kettle und David Webb wiederum sind selbst Teil einer Ethnoscape in der internationalen Kulturindustrie. Während der im südafrikanischen Durban geborene Kettle sowohl in afrikanischen wie nordamerikanischen Film-, Video- und Fernsehproduktionen aufgetreten ist, emigrierte der in Detroit geborene Diaspora-Afrikaner Webb im Jahr 1990 nach Südafrika und spielte dort in einer Reihe von Produktionen, darunter auch in *There's a Zulu On My Stoep* (1994). Seit 2007 ist er als Moderator für Nachrichten und Aktuelles als bekanntes Gesicht der SABC (South African Broadcasting Corporation) tätig. Schließlich kann nicht zuletzt Regisseur und Kameramann Yossi „Joseph" Wein, ein südafrikanischer Jude, der in Polen geboren und in Israel aufgewachsen ist, als weiteres signifikantes Beispiel für die heterogene Ethnoscape von *Lethal Ninja* gelten. Nicht zu vergessen gilt es schließlich, dass *Lethal Ninja* in der Medialisierung von Kampfkünsten verschiedene Mediascapes aufruft, indem globalisierte generische Merkmale mit lokalen Traditionen zu einer differentiellen Clusterbildung führen. Aus dieser Perspektive demonstriert die komplexe appropriative Praxis des Videos eine elementare Signifikanz der deterritorialisierenden Kraft transnationaler Assemblagen und globaler Medienlandschaften.

Wo Appadurai als Anthropologe einem kausalanalytischen Ansatz verpflichtet bleibt, adressieren Gilles Deleuze und Félix Guattari das *Phänomen der Deterritorialisierung* aus einer emphatisch theoretischen Perspektive als prinzipiell unkontrollierbare Flüsse des Begehrens. Mit Deleuze und Guattari könnte die Medienkultur der Martial Arts als verfugende Assemblage eines niemals endenden Prozesses beschrieben werden, der eine Reihe von Beziehungen dekontextualisiert, sie virtuell macht und für immer aufgeschobene Aktualisierungen vorbereitet:

> „Denken geschieht [...] in der Beziehung zu dem Territorium und zu Terra, der Erde. [...] Und doch haben wir gesehen, dass die Erde eine fortwährende Deterritorialisierungsbewegung an Ort und Stelle ausführt, mit der sie jedes Territorium überschreitet: sie ist deterritorialisierend und deterritorialisiert. Sie verschmilzt mit der Bewegung derer, die in Massen ihr Territorium verlassen" (Deleuze und Guattari 1996, S. 97).

Hier überschreiten mithin Elemente ihre eigenen Potentiale. Anders gewendet, geht es um eine Bewegung globaler mediale Ströme jenseits nationaler Grenzen, die gleichwohl selbst bereits immer überschritten sind. In diesem Sinne zeigt die Medialisierung der Kampfkünste, dass jede Nation durch neu dekodierte Kapital- und Kulturströme verwandelt wird, die über die Grenzen der einzelnen Territorien hinausgehen. Wie Deleuze und Guattari anmerken, ist ein Territorium immer von Fluchtlinien durchzogen, die als Ströme des Begehrens eine Gesellschaft in Form reiner Kraft und Mobilität strukturieren. Fluchtlinien sind ungerichtete Bewegungen, die nie gänzlich vom Sozius limitiert werden können. Aufgrund ihrer vektoriellen Geschwindigkeit bleibt eine Kolonisierung durch nationale Apparate stets suspendiert. Genau deshalb ist Gesellschaft immer schon a priori deterritorialisiert. Anders gesagt, Gesellschaften definieren sich gerade über ihr *Potential der Transgression in Fluchtlinien*. Gleichwohl gelangen Bewegungen der Deterritorialisierung stets auch an ihre Grenze, weil sie konkret niemals pures Begehren zu artikulieren vermögen. Vielmehr wird der flottierende Strom von Begehren maschinell gekoppelt und als Teil einer Assemblage zum Gefüge. Dabei bleibt der Kapitalismus entscheidende Kraft, und seine Maschine arbeitet permanent an einer Reterritorialisierung des Sozius:

> „Denn der Kapitalismus hört nicht auf, seine Entwicklungstendenz zu durchkreuzen und zu hemmen wie gleichermaßen sich in sie zu stürzen und zu beschleunigen; er hört nicht auf, seine Grenze wegzustoßen und sich ihr zu nähern. Alle Arten residualer oder künstlicher, imaginärer oder symbolischer Territorialitäten richtet der Kapitalismus ein, wenn er nicht alte restauriert, um auf ihnen, mehr schlecht als recht, die von den abstrakten Quantitäten abgeleiteten Personen neuerlich zu codieren und abzustempeln. Alles passiert wieder Revue: die Staaten, die Vaterländer, die Familien. Das ist es auch, was den Kapitalismus in seiner Ideologie zu diesem

kunterbunten Gemälde von alledem, was geglaubt worden ist,
werden ließ" (Deleuze und Guattari 1974, S. 45).

Erst aus dieser Reziprozität von de- und reterritorialisierenden
Kräften lässt sich die Dynamik von Globalisierungsprozessen verstehen. Ihre kapitalistische Bedingung evoziert einen permanenten
Wechsel, in dem dominante Codes unablässig durcheinanderge-
bracht und wieder neu angeordnet werden.

Mithin gilt es, die Vorstellung von angeblich kulturspezifischen
mythischen Strukturen zu verwerfen, wie etwa die Erzählung des
Ninja als Söldner im feudalen Japan, in Sabotage und Attentat
ausgebildet. Die Fluidität der Figur des Ninja, die nach Afrika reist,
problematisiert auch jede strikte Polarität zwischen verschiedenen
Regionen der Welt. Gemäß einer VHS-Produktion wie *Lethal Ninja* und der afrikanischen Aneignung der Ninja-Tradition dienen
generische Konventionen und ihre mythischen Komplexe immer
als Bezugsrahmen, der eine universelle Bühne ermöglicht, auf der
spektakuläre Aktionen des Körpers durchexerziert werden – sei
es mit oder ohne Rollschuhe. Narrative der Martial Arts stellen
mögliche Welten als reduzierte Mikrokosmen zur Verfügung, so
dass es möglich ist, aus einer konkreten Umgebung zu abstrahieren
und phantasmatische Szenarien zu entwickeln, deren Medialisierung von Martial Arts sich leicht in verschiedene regionale und
kulturelle Kontexte übersetzen lässt. Durch die Differentialität von
globalen Formen und lokaler Aneignung produziert das Video seine
eigene Dissemination. Anders gesagt, die afrikanische Aneignung
führt zu massiven Deterritorialisierungen. Natürlich bedeutet
jede Grenzüberschreitung eine Referenzierung dieser Grenze,
aber anstatt ihre Fluidität zu betonen, hebt *Lethal Ninja* gerade
den Unterschied hervor. In der Deterritorialisierung von globaler
Form und Reterritorialisierung an lokalem Material verbindet die
VHS-Produktion unterschiedliche Traditionen und unterstreicht

gleichzeitig ihre verschiedenen kulturellen Kontexte. Infolge-
dessen deutet sie nicht auf eine einfache Mobilität hin, sondern
gibt vielmehr ein Gefühl des radikalen Anderen zum Ausdruck.
Diese Differentialität wiederum dekonstruiert den vermeintlichen
Universalismus ökonomischer und kultureller Strömungen der
Globalisierung ebenso wie sie Vorstellungen von Authentizität und
Reinheit als essentialistische Konstrukte entlarvt. Ein Video wie
Lethal Ninja ist in gleicher Weise mit verschiedenen ästhetischen
Traditionen der Martial Arts verbunden und doch von Prozessen
kultureller Aneignung geprägt. Anstatt den Unterschied zu assimi-
lieren, schreibt die afrikanische Appropriation aber das Moment
der Differenz über ihre kulturelle Übersetzung in den ästhetischen
Korpus ein. Damit bleiben Spezifitäten respektiert, ohne jedoch
Hierarchien zu setzen. Angelegt ist so eine fließende, frei flottierende Subjektivität, letztlich diesseitige Affekte im Sinne von Gilles
Deleuze: als unpersönliche und präindividuelle Singularitäten, die
sich auszeichnen durch „nomadische Verteilung" (Deleuze 1992,
S. 61). Das bedeutet, die Ästhetik globaler Medienlandschaften
gilt durch sich selbst: Sie „ist ein Empfindungssein und nichts
anderes", d. h. sie „existiert an sich" (Deleuze und Guattari 1996,
S. 198). Nirgends findet dieses Prinzip sich konziser kristallisiert
als in der ikonischen Medialität von *Lethal Ninja:* im Bild der
rollschuhfahrenden Ninjas aus Afrika.

Schluss: Die Frage der Theorie

5

Die Frage der Theoriebildung im Feld des Globalisierungsdiskurses ist eine ungebrochen dringende. Heute scheint es mehr denn je eine wichtige kritische Aufgabe zu sein, Eurozentrismus wie Nativismus gleichermaßen zu überkommen, und stattdessen auf eine universale Medientheorie mit partikulären Perspektiven hin zu arbeiten. Okzidentale Traditionen des Denkens kultureller Dynamiken stellen dabei einen Ort diskursiver Auseinandersetzung dar, die nicht notwendigerweise essentialisierenden Konditionen geschuldet sein müssen. Wo dagegen die Debatte über kulturellen Relativismus, vor allem infolge des Postkolonialismus, universalisierende Behauptungen in Frage stellt, haben Traditionen poststrukturalistischen Denkens ihre Relevanz doch noch immer beibehalten. Von Althusser'schem Marxismus zu Lacan'scher Psychoanalyse, von Barthes'scher Textanalyse zu Derrida'scher Dekonstruktion, von Foucault'scher Diskursanalyse zu Deleuze'scher Schizopolitik, sie werden nicht nur produktiv aufgegriffen und weiter präzisiert, von führenden „subalternen" Theoretiker*innen: Frantz Fanon (1966), Edward Said (1993), Gayatri Chakravorty Spivak (2008 [1988]) , V.Y. Mudimbe (1988), Homi Bhabha (1994) oder Rey Chow

(2012). Poststrukturalistische Positionen sind auch fähig, viele verschiedene Schichten kultureller und historischer Dynamiken miteinzubeziehen. Deshalb liegt das offensichtliche Problem nicht in den Theorien selbst, sondern eher in deren Applizierung. Fraglos ist es oft Letztere, welche nicht ihre eigene Positionierung in Kultur und Geschichte erkennt. In anderen Worten, was okzidentale Theorie problematisch macht, ist nicht so sehr ihre Okzidentalität. Vielmehr ist problematisch, wenn sie von ihren Protagonist*innen nicht als okzidental reflektiert wird.

Andererseits, wie besonders Kwame Appiah mit *In My Father's House: Africa in the Philosophy of Culture* (1992) paradigmatisch gezeigt hat, besitzen gegen eurozentrische Traditionen des Universalismus gerichtete Forderungen aus nativistischer Perspektive gleichermaßen massive epistemologische Probleme (siehe ausführlich dazu Ritzer 2016b). Für Appiah bleibt die nostalgische Vorstellung einer vorkolonialen Authentizität und einer indigenen Kultur notwendigerweise in dem epistemologischen und ideologischen Horizont des Kolonialdiskurses gefangen. Selbst wenn das atavistische Eintreten für Nativismus hilfreich sein mag, um universalistische Normen okzidentaler Theorie in bestimmten historischen Momenten zu relativieren, bleibt das eigentliche Modell, nach dem die dominanten Machtrelationen gestellt werden, unangefochten:

> „Inasmuch as the most ardent of Africa's cultural nationalists participate in naturalising – universalising – the value-laden categories of 'literature' and 'culture,' the triumph of universalism has, in the face of a silent *nolo contendere*, already taken place. The Western emperor has ordered the natives to exchange their robes for trousers: their act of defiance is to insist on tailoring them from homespun material. Given their arguments, plainly, the cultural nationalists do not go far enough: they are blind to the fact that their nativist demands inhabit a Western architecture" (Appiah 1992, S. 60).

Die nativistische Kritik, mit ihrer essentialisierenden Diskursformation und zuweilen unheimlichen Sehnsucht nach „Reinheit", kann deshalb nie eine echte Lösung für das epistemologische Problem einer wahrhaftig demokratisierten Theorie sein.

Gegen das binäre Modell zwischen einem globalen Norden und einem globalen Süden haben die Film- und Kulturwissenschaftler*innen Ella Shohat und Robert Stam schon vor langer Zeit einen „polyzentrischen Multikulturalismus" (1994) gefordert, der von den Rändern der Welt her denkt und die ehemalige Peripherie als ein aktives, konstitutiv produktives Feld im Zentrum einer konfliktreichen globalen Geschichte begreift (siehe ausführlich dazu Ritzer 2016d). Anstatt die Vorstellung eines Zentrums zu bekräftigen, affirmiert der *polyzentrische Blick* die Notwendigkeit inmitten eines Netzes von Relationalitäten zu denken, das multiple Perspektiven miteinbezieht und entschieden die dialogischen Verhandlungen zwischen verschiedenen Agent*innen rund um den Globus analysiert. Es gilt mithin jegliches einheitliches, festgelegtes und essentialisierendes Konzept von Kultur abzulehnen zu Gunsten der Vorstellung von Subjektivitäten als multiple, instabile und immer historisch situierte Entitäten. Denn Subjekte konstituieren sich durch permanente Prozesse der Differenz und des Werdens: inmitten eines ständigen Kampfes um Hegemonie und des Widerstandes. Eine solch polyzentrische Herangehensweise vermag ein dezentralisiertes Modell zu entwickeln, das früheren kolonialen Narrativen gegenübersteht und eine Alternative zur unproduktiven Dichotomie zwischen Identität und Alterität darstellt, indem sie nach einer tatsächlich egalitären Sichtweise sucht. Dem einfachen Gegensatzpaar von globalem Norden und globalem Süden entgehend, vermeidet sie die Falle einer essentialisierenden Konzeption der Indigenisierung vis-à-vis Okzidentalisierung. Demnach, so wäre zu apostrophieren, darf kein Teil der Erde, ungeachtet seiner ökonomischen und politischen Macht, epistemologisch privilegiert werden. Eine produktive Medientheorie der Globalisierung dagegen hätte mit einer positiven Definition der medialen Dynamiken über verschiedene Räume und Zeitlichkeiten zu arbeiten, innerhalb derer der Norden ein Betrachtungselement unter anderen bildet. Anstatt als eine übermächtige Bedrohung privilegiert zu bleiben, könnte er nicht mehr Aufmerksamkeit erlangen als jeder andere Teil der Erde. Diese Herangehensweise wäre förderlich, um die okzidentale ökonomische Hegemonie nicht weiter auf einer epistemologischen Basis zu reproduzieren. Abhängig von der jeweiligen Forschungsfrage hätte eine Medientheorie der Globalisierung den Norden jenseits von Kritik oder Affirmation zu bedenken oder eben nicht. Ungeachtet jeden Ursprungs würden mediale Objekte ihre Aufmerksamkeit je nach Relevanz in einem gegebenen historischen Fall für eine spezifische Forschungsfrage erlangen. Damit wäre als epistemologische Matrix ein Globus gesetzt, der durch unvermeidliche Querverbindungen an Medialitäten auf einer technologischen sowie ökonomischen als auch kulturellen Ebene charakterisiert ist. So nur bliebe eine inklusive Herangehensweise gesichert, die ihr Augenmerk nicht nur auf lokale Bedingungen und Entwicklungen richtet, sondern grundlegend vielfache Paradigmen, die von transregionalen Bestimmungen geprägt sind, beachtet.

Wie figuriert dabei nun aber die okzidentale Theorie des Nordens, welche sich mit dem globalen Süden auseinandersetzt? Zweifellos sind eurozentrische Paradigmen, geprägt von der Hypostasierung einer universellen Ratio, kaum in der Lage, die jeweiligen Entwicklungen nicht-okzidentaler Kulturen überzeugend in Betracht zu ziehen. Folglich ist, wie Paul Willemen (2005) in Bezug auf das disziplinäre Feld der Filmwissenschaft gezeigt hat, der Impetus für alternative Modalitäten kultureller Theorie, die ernsthafte Selbstreflexion zeigen, jedoch nicht auf bloßen Relativismus hinauslaufen, als zentrale Herausforderung zu betrachten. Es geht eben darum einen Weg zu finden, der die Grenzen, welche jedwedes intellektuelle Paradigma notwendigerweise in einem spezifischen geohistorischen Feld situieren, zu reflektieren vermag. In anderen Worten, die Herausforderung liegt darin, nicht-essentialisierende Wege zu finden, welche gleichwohl die Grenzen allen kulturellen Relativismus und jeder Art von Fetischisierung geopolitischer Grenzen zu überwinden verstehen. Dementsprechend muss das Projekt einer komparativen Medienwissenschaft eine kollektive Anstrengung der Theoriebildung unterschiedlicher kultureller und historischer Traditionen sein, um im *partikulären Universalismus* des Denkens einen produktiven Dialog zu eröffnen.

Nur wenn okzidentale Theorie sich selbst als okzidental anerkennt, besitzt sie Gebrauchswert im Feld einer komparativen Medienwissenschaft. Wenn okzidentale Theorie als von spezifischen kulturellen und historischen Kontexten geprägt anerkannt wird, ist sie so gut (oder schlecht) wie jede andere Art von Theorie. Natürlich ist jede Theorie kultureller Dynamiken notwendigerweise durch kulturelle und historische Horizonte definiert und begrenzt; vielleicht durch andere Horizonte als die sozialen und ökonomischen Faktoren, die den globalen Norden okzidental machen, das heißt ein geopolitisches Feld globaler Hegemonie erzeugen lassen. Aber nichtsdestotrotz sind diese Denkstile symptomatisch alle Produkte einer Kultur und einer Geschichte, die von den materiellen Bedingungen und sozialen Dynamiken ihres Werdens eingeschrieben werden. Was mithin als Desiderat zu gelten hat, ist kein dichotomisches Modell kultureller Differenz, sondern vielmehr ein Verständnis von Theorie, das nicht nur selbst notwendigerweise von kulturellen Dynamiken geprägt ist, sondern sich in der Lage zeigt, mutmaßliche Selbstverständlichkeiten hinter sich zu lassen und stattdessen komparative Perspektiven zu eröffnen. Ein zentrales Ziel okzidentaler wie nicht-okzidentaler Theorie gleichermaßen kann demnach die *Reflexion der Limitierung* ihrer eigenen Subjektpositionen im Kontext divergierender Geschichte(n) unterschiedlicher kultureller Situationen sein, die jedoch gemeinsame Erfahrungen hinsichtlich Phänomenen der Modernisierung und der Konstitution einer kapitalistischen Form von Ökonomie sowie kultureller Produktion hervorbringen.

Eine komparative Medienwissenschaft sollte mithin ihre eigene historisch-kulturelle Situation stets in Frage stellen, um deren Konstruktion als eine spezifische politische Formation zu reflektieren. Theorie muss deshalb ihre spezifische Einschreibung in Kultur zugleich reflektieren wie hinter sich lassen, um vorgefertigte Gewissheiten abzulehnen. Nur unter der Bedingung, dass Theorie ihre eigene geopolitische Position miteinbezieht, um die komplexen Prozesse, die eine soziokulturelle Konstellation ausmachen, zu analysieren, ist der Weg zu einem möglichen Austausch geebnet, der hilft zu theoretisieren, wie in unterschiedlichen kulturellen und historischen Kontexten jene diskursiven Konstellationen und sozialen Formationen produziert werden, die der Gegenstand aller Projekte, die sich selbst Theorie nennen wollen, sein müssen. Kurz gesagt, existiert immer noch ein großes Desiderat zur kritischen Selbstreflexion von Theorie, in der verschiedene geohistorische Kontexte sowie ihr entsprechendes epistemisches Fundament miteinbezogen werden. Jedoch darf dabei nicht jegliche Vorstellung von universeller Relevanz aufgegeben werden. Eine Theorie planetarischer Medialität hätte am Scheitelpunkt des Lokalen und des Globalen im Medialen der Theoriebildung selbst anzusetzen.

Literatur

Althusser, Louis. 1981. [1966] *Frühe Schriften zu Kunst und Literatur*. Berlin: alternative.

Appadurai, Arjun. 1996. *Modernity at Large: Cultural Dimensions of Globalization*. Minneapolis: UMP.

Appiah, Kwame Anthony. 1992. *In My Father's House: Africa in the Philosophy of Culture*. New York: Oxford University Press.

Appiah, Kwame Anthony. 2007. *Der Kosmopolit: Philosophie des Weltbürgertums*. München: C.H. Beck.

Badiou, Alain. 2001. *Kleines Handbuch zur Inästhetik*. Wien: Passagen.

Badiou, Alain. 2005. *Das Sein und das Ereignis*. Berlin: Diaphanes.

Badiou, Alain. 2007. *Dritter Entwurf eines Manifests für den Affirmationismus*. Berlin: Merve.

Badiou, Alain. 2014. *Kino*. Wien: Passagen.

Badiou, Alain. 2016. Westlicher Todestrieb. *Der Freitag* v. 15. März 2016.

Balibar, Étienne. 2002. *Politics and the Other Scene*. London: Verso.

Baudrillard, Jean. 1978. *Kool Killer oder der Aufstand der Zeichen*. Berlin: Merve.

Benjamin, Walter. 1991. [1940] *Das Passagen-Werk*. Frankfurt am Main: Suhrkamp.

Bhabha, Homi. 1994. *The Location of Culture*. London: Routledge.

Chakrabarty, Dipesh. 2010. *Europa als Provinz: Perspektiven postkolonialer Geschichtsschreibung*. Frankfurt am Main: Campus.

Chow, Rey. 2012. *Entanglements, or Transmedial Thinking about Capture.* Durham, NC: Duke University Press.

Deleuze, Gilles. 1989. *Das Bewegungs-Bild: Kino l.* Frankfurt am Main: Suhrkamp.

Deleuze, Gilles. 1991. *Das Zeit-Bild: Kino 2.* Frankfurt am Main: Suhrkamp.

Deleuze, Gilles. 1993. Kontrolle und Werden. In *Unterhandlungen: 1972–1990.* Frankfurt am Main: Suhrkamp, 243–253.

Deleuze, Gilles und Michel Foucault. 1977. *Der Faden ist gerissen.* Berlin: Merve.

Deleuze, Gilles und Félix Guattari. 1974. *Anti-Ödipus: Kapitalismus und Schizophrenie I.* Frankfurt am Main: Suhrkamp.

Deleuze, Gilles und Félix Guattari. 1976. *Kafka: Für eine kleine Literatur.* Frankfurt am Main: Suhrkamp.

Deleuze, Gilles und Félix Guattari. 1992. *Tausend Plateaus: Kapitalismus und Schizophrenie II.* Berlin: Merve.

Deleuze, Gilles und Félix Guattari. 1996. *Was ist Philosophie?* Frankfurt am Main: Suhrkamp.

Ďurovičová, Natasa und Kathleen E. Newman. 2010. (Hrsg.) *World Cinemas: Transnational Perspectives.* London: Routledge.

Enzensberger, Hans Magnus. 1970. Baukasten zu einer Theorie der Medien. *Kursbuch* 20, März 1970, 159–186.

Ezra, Elizabeth und Terry Rowden. 2006. (Hrsg.) *Transnational Cinema: The Film Reader.* London: Routledge.

Fanon, Frantz. 1966. *Die Verdammten dieser Erde.* Frankfurt am Main: Suhrkamp.

Gramsci, Antonio. 1967. *Philosophie der Praxis.* Frankfurt am Main: Fischer.

Guattari, Félix. 1977. *Mikro-Politik des Wunsches.* Berlin: Merve.

Guattari, Félix. 1994. *Die drei Ökologien.* Wien: Passagen.

Guattari, Félix. 2013. [1992] Das neue ästhetische Paradigma. *Zeitschrift für Medienwissenschaft* 8/2013: 19–34.

Hall, Stuart. 1994. *Rassismus und kulturelle Identität.* Hamburg: Argument.

Hall, Stuart. 1997. Wann war der Postkolonialismus? Denken an der Grenze. In *Hybride Kulturen: Beiträge zur anglo-amerikanischen Multikultura-lismusdebatte,* hrsg. Elisabeth Bronfen et al. Tübingen: Stauffenburg, 219–246.

Hall, Stuart. 2002. Demokratie, Globalisierung und Differenz. In *Demokratie als unvollendeter Prozess,* hrsg. Okwui Enwezor. Kassel: Hatje Cantz, 21–40.

Hall, Stuart. 2004. *Ideologie, Identität, Repräsentation*. Hamburg: Argument.

Heidegger, Martin. 2003. [1935–1946] *Holzwege*. Frankfurt am Main: Vittorio Klostermann.

Hjort, Mette. 2009. On the Plurality of Cinematic Transnationalism. In *World Cinemas: Transnational Perspectives*, hrsg. Natasa Durovicová und Kathleen Newman. London: Routledge, 12–33.

Jameson, Fredric. 1986a. Postmoderne – Zur Logik der Kultur im Spätkapitalismus. In *Postmoderne: Zeichen eines kulturellen Wandels*, hrsg. Andreas Huyssen und Klaus R. Scherpe. Reinbek bei Hamburg: Rowohlt, 45–102.

Jameson, Fredric. 1986b. Third-World Literature in the Era of Multinational Capitalism. *Social Text* 15: 65–88.

Jameson, Fredric. 1988. Cognitive Mapping. In *Marxism and the Interpretation of Culture*, hrsg. Cary Nelson und Lawrence Grossberg. Urbana: University of Illinois Press, 347–60.

Jameson, Fredric. 1991a. *Postmodernism, or, The Cultural Logic of Late Capitalism*. Durham: Duke.

Jameson, Fredric. 1991b. *Spätmarxismus: Adorno oder die Beharrlichkeit der Dialektik*. Hamburg und Berlin: Argument.

Jameson, Fredric. 1993. Foreword: In the Mirror of Alternate Modernities. In *Origins of Modern Japanese Literature*, hrsg. Karatani Kojin. Durham: Duke University Press, vii–xx.

Jameson, Fredric. 1995. *The Geopolitical Aesthetic: Cinema and Space in the World*. Bloomington: Indiana University Press.

Jameson, Fredric. 2010. Globalization and Hybridization. In *World Cinemas: Transnational Perspectives*, hrsg. Nataša Ďurovičová und Kathleen Newman. London: Routledge, 315–319.

Latour, Bruno. 2007. *Eine neue Soziologie für eine neue Gesellschaft*. Frankfurt am Main: Suhrkamp.

Marcuse, Herbert. 1998. [1964] *Der eindimensionale Mensch: Studien zur Ideologie der fortgeschrittenen Industriegesellschaft*. Frankfurt am Main: Suhrkamp.

Marcuse, Herbert. 2004. [1977] Die Permanenz der Kunst: Wider eine bestimmte marxistische Ästhetik. In *Schriften*, Band 9. Frankfurt am Main: Suhrkamp, 191–241.

Marx, Karl. 1965. [1863] Theorien über den Mehrwert. In *Marx-Engels-Werke,* Band 26.1. Berlin: Dietz.

Marx, Karl. 1973. [1881] Entwürfe einer Antwort auf den Brief von V. I Sassulitsch. In *Marx-Engels-Werke*, Band 25. Berlin: Dietz.

Marx, Karl. 1975. [1894] Das Kapital: Kritik der politischen Ökonomie. In *Marx-Engels-Werke*, Band 25. Berlin: Dietz.

Marx, Karl. 1983 [1858] Grundrisse der Kritik der politischen Ökonomie. In *Marx-Engels-Werke*, Band 42. Berlin: Dietz.

Marx, Karl und Friedrich Engels. 1969 [1846] Die Deutsche Ideologie. In *Marx-Engels-Werke*, Band 3. Berlin: Dietz.

Marx, Karl und Friedrich Engels. 1972 [1848] Das kommunistische Manifest. In *Marx-Engels-Werke*, Band 4. Berlin: Dietz.

Mbembe, Achille. 2004. Aesthetics of Superfluity. *Johannesburg: The Elusive Metropolis (Public Culture: Society for Transnational Cultural Studies)* 16 (3): 373–405.

Mbembe, Achille. 2015. Afropolitanismus. In *Afrikanische politische Philosophie: Postkoloniale Positionen*, hrsg. Franziska Dübgen und Stefan Skupien. Berlin: Suhrkamp, 330–337.

Mbembe, Achille. 2017. Die Welt wird schwarz. *Der Spiegel* v. 11. März 2017.

Mbembe, Achille und Sarah Nuttall. 2004. Writing the World from an African Metropolis. *Johannesburg: The Elusive Metropolis (Public Culture: Society for Transnational Cultural Studies)* 16 (3): 347–372.

McLuhan, Marshall, 1992. [1964] *Die magischen Kanäle: Understanding Media*. Düsseldorf: Econ.

McLuhan, Marshall. 1995. [1962] *Die Gutenberg-Galaxis: Das Ende des Buchzeitalters*. Bonn: Addison-Wesley.

Moretti, Franco. 2000. Conjectures on World Literature. *New Left Review* 1: 54–68.

Mudimbe, V. Y. 1988. *The Invention of Africa*. Bloomington: Indiana University Press.

Nagib, Lúcia. 2006. Towards a Positive Definition of World Cinema. In *Remapping World Cinema: Identity, Culture and Politics in Film*, hrsg. Stephanie Dennison und Song Hwee Lim. London: Wallflower, 30–37.

Rancière, Jacques. 2002. *Das Unvernehmen: Politik und Philosophie*. Frankfurt am Main: Suhrkamp.

Rancière, Jacques. 2007. *Ist Kunst widerständig?* Berlin: Merve.

Ritzer, Ivo. 2009. *Genre/Autor*. Mainz: Dissertation Johannes Gutenberg-Universität [= *Walter Hill: Welt in Flammen*. Berlin: Bertz + Fischer.]

Ritzer, Ivo. 2012. Media – Culture – Theory. In *Techno-Ethics: Humanities and Technology*, hrsg. Konrad Meisig. Wiesbaden: Harrassowitz, 193–209.

Ritzer, Ivo. 2013. Sudden Death(s): Hybridisation, Deterritorialisation, and the Post-Colonial Imaginary in Transnational Philippine Media Culture. In *Genre Hybridisation: Global Cinematic Flows*, hrsg. Ivo Ritzer und Peter W. Schulze. Marburg: Schüren, 115–141.

Ritzer, Ivo. 2015a. Badiou to the Head: Zur In-Ästhetik transmedialer Genre-Autoren-Politik. In *Transmediale Genre-Passagen: Interdisziplinäre Perspektiven,* hrsg. Ivo Ritzer und Peter W. Schulze. Wiesbaden: Springer VS, 89–135.

Ritzer, Ivo. 2015b. Behind Media Lines: Von Video/Spiel-Konvergenzen, digitalen Medienkulturen und Rettungsmissionen im Kongo. In *Transmediale Genre-Passagen: Interdisziplinäre Perspektiven*, hrsg. Ivo Ritzer und Peter W. Schulze. Wiesbaden: Springer VS, 391–427.

Ritzer, Ivo. 2015c. Mapping Global Forms, Local Materials and Digital Culture: Towards a Theory for Comparative Media Studies. *Critical Arts: South-North Cultural and Media Studies* 29 (4): 446–459.

Ritzer, Ivo. 2016a. Am Nexus des Weltkinos: Zu Theorie und Ästhetik von Walter Hills orientalem Genre-Auteurismus. *Rabbit Eye: Zeitschrift für Filmforschung* 8 (2016): 135–151.

Ritzer, Ivo. 2016b. Europa provinzialisieren: Epistemologische Herausforderungen einer Kulturtheorie des World Cinema. In *Transnationale Medienlandschaften: Populärer Film zwischen World Cinema und postkolonialem Europa*, hrsg. Ivo Ritzer und Harald Steinwender. Wiesbaden: Springer VS, 29–40.

Ritzer, Ivo. 2016c. Global Blaxploitation: Anmerkungen zum Transnationalismus einer medienkulturellen Strömung. In *Transnationale Medienlandschaften: Populärer Film zwischen World Cinema und postkolonialem Europa*, hrsg. Ivo Ritzer und Harald Steinwender. Wiesbaden: Springer VS, 79–104.

Ritzer, Ivo. 2016d. „Meet Africa's Most Deadly Punk Rock Band": Medienimmanenz, Mediensimulacra und die Musikvideoclips von The Mochines. In *Populäre Musikkulturen im Film: Inter- und transdisziplinäre Perspektiven*, hrsg. Carsten Heinze und Laura Niebling. Wiesbaden: Springer VS, 429–452.

Ritzer, Ivo. 2016e. Theorie aus dem Süden: Postkoloniale Perspektiven und afrikanische Science-Fiction. In *Die Zukunft ist jetzt: Science-Fiction-Kino als audio-visueller Entwurf von Geschichte(n), Räumen und Klängen,* hrsg. Winfried Pauleit et al. Berlin: Bertz + Fischer, 120–129.

Ritzer, Ivo. 2016f. Das Unbehagen der Genres: (Re)Visionen zu Gender, Race und generischer Differenz. *Rabbit Eye: Zeitschrift für Filmforschung* 10 (2016): 62–83.

Ritzer, Ivo. 2017a. Das Bewegungsbild im Zeitalter alternativer Reproduzierbarkeit: Direct-to-Video als Herausforderung für die Medienwissenschaft. *MEDIENwissenschaft Rezensionen* 1/2017: 26–44.

Ritzer, Ivo. 2017b. *Medialität der Mise-en-scène: Zur Archäologie telekinematischer Räume.* Wiesbaden: Springer VS.

Ritzer, Ivo. 2018a. Cosmopolitan Zulu: Zur medienkulturellen Logik transnationaler Adaption und generischer Migration. In *Cosmopolitan Cinema: Kunst und Politik in der zweiten Moderne,* hrsg. Matthias Christen und Kathrin Rothemund. Marburg: Schüren. Im Erscheinen.

Ritzer, Ivo. 2018b. Kulturwissenschaft *(re)Assigned*: Transmediale Identitätspolitik, post-postkoloniale Theorie und pan-afrikanische Diaspora. In *Politiken des Populären: Medien Kultur Wissenschaft,* hrsg. Ivo Ritzer und Harald Steinwender. Wiesbaden: Springer VS. Im Erscheinen.

Ritzer, Ivo. 2018c. Swinging Sambia: Zur Auditivität medienanthropologischer Szenen zwischen Oralität und Aufschreibesystemen. In *Medienanthropologische Szenen: Die conditio humana im Zeitalter der Medien,* hrsg. Lorenz Engell und Christiane Voss. München: Fink. Im Erscheinen.

Ritzer, Ivo. 2018d. Sehen und Sterben: Zur Logistik der Wahrnehmung in postkolonialer Medialität. In *Der mobile Blick: Visuelle Medien und touristische Wahrnehmung,* hrsg. Thomas Morsch. Wiesbaden: Springer VS. Im Erscheinen.

Ritzer, Ivo. 2018e. Spektakel, Schaulust, Subalternität oder: Postkolonialität, Postdemokratie, Posttelevision. In *Spektakel als ästhetische Kategorie: Theorien und Praktiken,* hrsg. Simon Frisch et al. München: Fink. Im Erscheinen.

Ritzer, Ivo und Peter W. Schulze. 2015. (Hrsg.) *Transmediale Genre-Passagen: Interdisziplinäre Perspektiven.* Wiesbaden: Springer VS.

Ritzer, Ivo und Peter W. Schulze. 2018. (Hrsg.) *Mediale Dispositive.* Wiesbaden: Springer VS.

Ritzer, Ivo und Keyan G. Tomaselli. 2018. (Hrsg.) *Media Cities: Mapping Urbanity and Audiovisual Configurations. Journal of African Cinemas,* Special Issue 2018.

Said, Edward. 1993. *Culture and Imperialism.* New York: Knopf.

Sassen, Saskia. 1991. *The Global City: New York, London, Tokyo.* Princeton: Princeton University Press.

Sassen, Saskia. 1994. *Cities in a World Economy*. Thousand Oaks: Pine Forge Press.

Shohat, Ella und Robert Stam. 2003. (Hrsg.) *Multiculturalism, Postcoloniality and Transnational Media*. New Brunswick: Rutgers University Press.

Spivak, Gayatri Chakravorty. 2008. [1988] *Can the Subaltern Speak? Postkolonialität und subalterne Artikulation*. Wien: Turia + Kant.

Willemen, Paul. 2005. For a Comparative Film Studies. *Inter-Asia Cultural Studies* 6 (1): 98–112.

Williams, Raymond. 1972. *Gesellschaftstheorie als Begriffsgeschichte*. München: Rogner und Bernhard.

Williams, Raymond. 1977. *Marxism and Literature*. New York: Oxford University Press.

Williams, Raymond. 1983. *Innovationen: Über den Prozeßcharakter von Literatur und Kultur*. Frankfurt am Main: Suhrkamp.

Žižek, Slavoj. 2002. *Die Revolution steht bevor: Dreizehn Versuche über Lenin*. Frankfurt am Main: Suhrkamp.

Žižek, Slavoj. 2009. *Auf verlorenem Posten*. Frankfurt am Main: Suhrkamp.

Literatur (weiterführend)

Anderson, Benedict. 1991. *Imagined Communities: Reflections on the Origin and Spread of Nationalism*. London und New York: Verso.

Andrew, Dudley. 2006. An Atlas of World Cinema. In *Remapping World Cinema: Identity, Culture and Politics in Film*, hrsg. Stephanie Dennison und Song Hwee Lim. London: Wallflower, 19–29.

Balke, Friedrich. 2010. Medien- und Kulturwissenschaft. In *Globalisierung: Ein interdisziplinäres Handbuch*, hrsg. Andreas Niederberger und Philipp Schink. Stuttgart: Metzler, 170–179.

Berry, Chris und Mary Farquhar. 2006. *China on Screen: Cinema and Nation*. New York: Columbia University Press.

Bhabha, Homi. 1990. (Hrsg.) *Nation and Narration*. London: Routledge.

Bronfen, Elisabeth et al. 1997. (Hrsg.) *Hybride Kulturen: Beiträge zur anglo-amerikanischen Multikulturalismusdebatte*. Tübingen: Stauffenburg.

Buck-Morss, Susan. 2011. *Hegel und Haiti: Für eine neue Universalgeschichte*. Berlin: Suhrkamp.

Comaroff, Jean und John L. Comaroff. 2012. *Der Süden als Vorreiter der Globalisierung: Neue postkoloniale Perspektiven*. Frankfurt am Main: Campus.

Dennison, Stephanie und Song Hwee Lim. 2006. (Hrsg.) *Remapping World Cinema: Identity, Culture and Politics in Film*. London: Wallflower.

Derrida, Jacques. 2000. *Politik der Freundschaft*. Frankfurt am Main: Suhrkamp.

Hannerz, Ulf. 1996. *Transnational Connections: Culture, People, Places*. London: Routledge.

Hardt, Michael und Antonio Negri. 2003. *Empire: Die neue Weltordnung*. Frankfurt am Main: Campus.

Heidegger, Martin. 1991. [1938] Die Zeit des Weltbildes. In *Holzwege*. Frankfurt am Main: Vittorio Klostermann.

Higbee, Will und Song Hwee Lim. 2010. Concepts of Transnational Cinema: Towards a Critical Transnationalism in Film Studies. *Transnational Cinemas* 1 (1): 7–21.

Higson, Andrew. 2000. The Limiting Imagination of National Cinema. In *Cinema and Nation*, hrsg. Mette Hjort und Scott MacKenzie. London: Routledge, 63–74.

Higson, Andrew. 2002. The Concept of National Cinema. In *Film and Nationalism*, hrsg. Andy Williams. New Brunswick et al.: Rutgers University Press, 52–67.

Jameson, Frederic. 1992. *Signatures of the Visible*. London: Routledge.

Kessler, Michael und Jürgen Wertheimer. 1995. (Hrsg.) *Multikulturalität: Tendenzen, Probleme, Perspektiven im europäischen und internationalen Horizont*. Tübingen: Stauffenburg.

Latour, Bruno. 2008. *Wir sind nie modern gewesen: Versuch einer symmetrischen Anthropologie*. Frankfurt am Main: Suhrkamp.

Mbembe, Achille. 2001. *On the Postcolony*. Berkeley und Los Angeles: University of California Press.

Mbembe. Achille. 2014. *Kritik der schwarzen Vernunft*. Berlin: Suhrkamp.

Mignolo, Walter D. 2000. *Local Histories/Global Designs: Coloniality, Subaltern Knowledges, and Border Thinking*. Princeton, NJ: Princeton University Press.

Mudimbe, V. Y. 1994. *The Idea of Africa*. Bloomington: Indiana University Press.

Nancy, Jean-Luc. 2003. *Die Erschaffung der Welt oder Die Globalisierung*. Berlin: Diaphanes.

Nancy, Jean-Luc. 2015. Politik, das wäre die Praxis des Auflauerns. *TUMULT: Vierteljahresschrift für Konsensstörung* (3): 11–14.

Ritzer, Ivo. 2015a. Einleitung: Zur Stilepoche Neues ostasiatisches Kino. In *Neues ostasiatisches Kino.* Stuttgart: Reclam, 7–13.

Ritzer, Ivo. 2015b. A Superhero Never Dies: Zum Spekulativen einer transkulturellen und plurimedialen Figur. In *Pop & Mystery: Spekulative Erkenntnisprozesse in Populärkulturen*, hrsg. Marcus Kleiner und Thomas Wilke. Bielefeld: transcript, 143–163.

Ritzer, Ivo. 2016a. Gunfight at the Transvaal Highveld: Locating the Boerewors Western in Southern Africa. In *Critical Perspectives on the Western*, hrsg. Lee Broughton. Metuchen, NJ: Scarecrow Press, 41–56.

Ritzer, Ivo. 2016b. Unterhaltung und Utopie: Postkolonialer Genrediskurs, politischer Thriller und der Simbabwer Daniel Carney im World Cinema. In *Transnationale Medienlandschaften: Populärer Film zwischen World Cinema und postkolonialem Europa,* hrsg. Ivo Ritzer und Harald Steinwender. Wiesbaden: Springer VS, 41–78.

Ritzer, Ivo und Peter W. Schulze. 2013. (Hrsg.) *Genre Hybridisation: Global Cinematic Flows.* Marburg: Schüren.

Ritzer, Ivo und Harald Steinwender. 2016. (Hrsg.) *Transnationale Medienlandschaften: Populärer Film zwischen World Cinema und postkolonialem Europa.* Wiesbaden: Springer VS.

Schröter, Jens und Tim A. Heilmann. 2016. (Hrsg.) *Medienwissenschaft und Kapitalismuskritik. Navigationen: Zeitschrift für Medien- und Kulturwissenschaften.* Siegen: Universi.

Schüttpelz, Erhard. 2005. *Die Moderne im Spiegel des Primitiven: Weltliteratur und Ethnologie (1870–1960).* München: Fink.

Willemen, Paul. 1994. The National. In *Looks and Frictions: Essays in Cultural Studies and Film Theory.* London: British Film Institute, 206–219.

Wilson, Rob und Wimal Dissanayake. 1996. (Hrsg.) *Global/Local: Cultural Production and the Transnational Imaginary.* Durham: Duke University Press.

Winter, Rainer. 2003. Globale Medien, kultureller Wandel und die Transformation des Lokalen: Der Beitrag der Cultural Studies zu einer Soziologie hybrider Formationen. In *Globales Amerika? Die kulturellen Folgen der Globalisierung*, hrsg. Ulrich Beck et al. Bielefeld: transcript, 262–283.

Abbildungsverzeichnis

1–9: *Con Game* (Südafrika 2013, DVD Indigenious)

10: *The Warriors* (USA 1978, DVD Paramount)

11: *48 Hrs.* (USA 1982, DVD Paramount)

12: *Red Heat* (USA 1988, DVD Lionsgate)

13: *Trespass* (USA 1992, DVD Universal)

14: *Enter the Dragon* (Hongkong/USA 1973, DVD Warner)

15: *Black Belt Jones* (USA 1974, DVD Warner)

16: *T.N.T. Jackson* (Philippinen 1974, DVD Shout)

17: *Death Force* (Philippinen 1978, DVD Shout)

18–25: *Lethal Ninja* (Südafrika 1992, DVD Nu Image)

Printed in the United States
By Bookmasters